U0934948

Chang Tong Ping Yi

畅通评议

王佳一　编著

人民交通出版社

内 容 提 要

本书作者王佳一是北京人民广播电台十佳主持人之一，中国广播电视“金话筒”奖获奖者。书中以她主持的北京交通台《一路畅通》节目的实践经验为基础，提炼出属于广播直播节目主持的新派理论。

图书在版编目(CIP)数据

畅通评议/王佳一编著. —北京：人民交通出版社，2008.10

ISBN 978-7-114-07435-6

I.畅… II.王… III.北京广播电台—广播节目—研究 IV.G229.24

中国版本图书馆 CIP 数据核字(2008)第 159408 号

书　　名：畅通评议
著 作 者：王佳一
责任编辑：席少楠　刘小青
出版发行：人民交通出版社
地　　址：(100011)北京市朝阳区安定门外外馆斜街 3 号
网　　址：http://www.ccpress.com.cn
销售电话：(010)59757969,85285656
总 经 销：北京中交盛世书刊有限公司
经　　销：各地新华书店
印　　刷：三河市吉祥印务有限公司
开　　本：880×1230　1/32
印　　张：10.25
字　　数：180 千
版　　次：2008 年 10 月　第 1 版
印　　次：2008 年 10 月　第 1 次印刷
书　　号：ISBN 978-7-114-07435-6
定　　价：39.00 元

序言

美国作家海明威说过："冰山在海里移动是很庄严宏伟的，这是因为它只有1/8露在水面上。"如果将他这一著名论断应用于企业的品牌建设中，我们可以理解为品牌的成功只是冰山在水面上的一角，而其要靠水面下7/8的冰体支撑才能显现出来。这个例子恰如其分地说明，北京交通台今天能够崭露头角，不正是靠着15年来的发展与积淀而形成的吗？在迎接北京交通台15年华诞之际，交通台的全体同仁可以自豪地说，我们没有辜负创业者的辛勤劳动与汗水、殷切期望与嘱托，北京交通台仍然牢牢地站在全国广播行业的前列，用我们的智慧与创新、追求与梦想，继续创造着北京广播历史上的奇迹。

今天，北京交通台勇于创新，勇于超越，全面实现了专业化办台的理念，以服务移动人群为根本，以及时性、服务性、娱乐性、互动性为核心，以贴近实际、贴近生活、贴近群众为原则，用经营的头脑办广播，开发频率资源，打造出与受众需求相吻合的带有独特性和唯一性的节目体系，建立起了改造与提高的广播媒体创新机制。正是在这种与市场发展相契合的媒体创新机制和节目运营体系的保障下，北京交通台涌现出来一批名牌栏目和优秀节目主持人。

本书作者王佳一和她主持的《一路畅通》节目就是其中最出色的代表之一。《一路畅通》作为交通台的名牌栏目已经获得两届“北京市听众最喜爱的十佳栏目”称号，同时也获得了国家广电总局颁发的优秀栏目的影视大奖。“大家帮助大家”作为《一路畅通》节目的服务理念、倡导文明出行的指南，深刻地影响着北京人的出行生活。无论人们驾车行驶在宽阔的高速公路还是拥挤不堪的城市道路，或者充满诗意的乡间小道；无论你心情是愉快、烦燥，还是郁闷、忧伤，《一路畅通》主持人路路相伴在你身旁。他们轻松欢乐的话语，使你不知不觉置身其中，仿佛主持人就是隔壁的兄弟姐妹，此时的车厢里充满了阳光与快乐，使人、车、广播与整个社会发生联系与互动，由此产生的是一种时代的向心力和凝聚力。

佳一具有多年的媒体实际工作经验，投身广播事业以来潜心钻研业务，刻苦磨炼主持本领。她的主持风格以个性鲜明、快乐幽默、反应机敏、知书达理、感染力强、积极向上等特点独树一帜，在听众中赢得了超好的口碑。佳一爱学习，平时手头总带着一个小本子，采访时用，上节目时用，聊天时也用，随时把新鲜的词语、有意思的话题记录下来，把知识、经验、见解、业务、文化等能够较好地融会贯通。这样看问题的眼界就大为宽广，采访与主持时就有了底气。这本书，佳一以曾经主持过的《一路畅通》节目为引子，逐篇进行了剖析，既有切身的体会与经验，又有深刻的理解与评述，使我们在她的实践过程中吸收养分与精华，尤其是对初踏入主持人行列的年轻人大有裨益，值得学习与思考。

北京交通台即将走过15年的光辉历程。它的飞速发展充分体现出准确频率定位，才能确保细分受众的忠实度，节目不断推陈出新才能保持频率的生命力的办台思路。然而如何在发展中继续创新，实际就是如何超越自我实现更新、更大的突破，道路会更加艰难。让我们交通台的全体同仁携起手来直面挑战，勇敢拥抱广播的又一个春天吧！

北京交通台台长

[signature]

2008年10月

2008.10

做一名节目主持人
是我
儿时的理想
青春的事业
老去时甜美的回忆
……

目录

上　篇

下　篇

FM103.

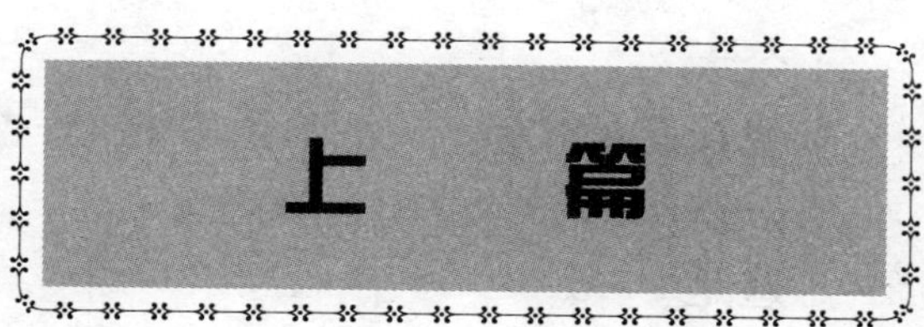

上　篇

今天
我让我的实践
以逻辑的形象站在你的面前
这是
《一路畅通》节目
属于我的另一面
她不同于以往
声音里的世界
却是声音飞向你时
振动着的翅膀

第一章　关于《一路畅通》节目

世间万物皆应运而生。交通广播如此，《一路畅通》亦然。

汽车时代的到来和机动车保有量的增加使生活在轮子上的人们对与汽车有关、与出行相连的所有内容——新闻、路况、交通管理、交通心理疏导等信息有了大量的需求。一个专业化的广播频率于 1993 年在全国率先出现，她就是北京交通广播。

从摸着石头过河到驾驶着快艇出海，北京交通广播把中国广播带入了交通台时代：一批优秀的节目不仅为交通广播赢得了社会效益，更赢得了使她得以长足发展的经济效益。《一路畅通》就是这样一个优秀节目，她是当前广播界主持人直播综合类节目的代表。

一、北京交通广播《一路畅通》节目

汽车时代让她出生，手机时代让她辉煌；是汽车经济和通信技术革命让她所向披靡，这就是《一路畅通》。

播出时间在不断加长，播出内容在不断丰富，主持人的人数在不断增加。从昨天到今天，我们付出，我们更在收获。我们是中国广播名牌栏目。我们占有北京交通广播 50%以上的广告收入份额。

机会是展现在每一个频率、每一个节目、每一位主持人面前的。为什么是这个节目、这些主持人能够引领不仅是听众、甚至是同行向前进？为什么是这个节目能够成为当前交通广播界主持人直播节目的代表？通过我的讲述，您也许会有一些思考并得出结论。

二、《一路畅通》节目的定位

先哲讲："凡事预则立，不预则废。"我们对目标听众的调查分析以及针对目标听众所设计制作的节目正是对这一认识的诠释。

交通台的定位：在非群体化传播时代的今天，我们的目标受众是在路上的，移动着的，在早晚高峰、拥堵的道路上着急上班或急不可耐回家享受幸福的出行者。移动着的人，是指驾车的人、坐车的人、准备买车的人，他们构成这个社会中最具活力的群体，我们要为他们服务，全心全意为他们服务。

我们有我们的核心听众，固定的收听人群和目标人群，开车的人；我们有我们的松散听众，公共交通工具（出租车）中的乘客；我们有边缘听众；我们还有为数众多的网络及新媒体受众。我们的原则就是稳定核心，吸引松散，影响边缘，率先占领网络及新媒体受众。

根据需求的不断变化，我们的服务内容也在不断调

整:从最初的路况信息,到今天的路况分析及预报;从最初的点歌送祝福,到今天挖掘出每一位听众灵魂深处的爱与烦恼;从最初的烦恼倾诉,到今天的安抚、"话疗"。从昨天到今天,我们细致地观察着、细心地品味着、细微地调整着,快乐地前进着。

我们的口号是:永远相伴;有我陪着你;大家帮助大家;心路畅通,路路畅通。

三、《一路畅通》的节目构成

《一路畅通》目前每天的四个半小时的播出,是由路况信息、大家帮助大家的互助信息、话题互动、专题采访、音乐歌曲为主要内容的。

四、《一路畅通》节目的播出时间

随着城市呼吸的变化,随着出行者出现的需求,调整着节目的播出时间。2000 年至 2001 年,节目播出时间为周一至周五上下午共一个半小时。2002 年调整为周一至周日上下午共四个半小时。2003 年以后又调整为周一至周日的以下时间表:

2003 年:8:00～10:00,17:00～19:00

2004 年～2007 年:7:30～9:30,17:00～19:00

2008 年(北京奥运年):7:30～9:30,17:00～19:30

第二章 主持人

一、《一路畅通》节目主持人的角色定位

《一路畅通》的节目定位要求主持人要为节目目标受众服务，明确扮演好自己在节目中的角色。在一次有针对性的社会调查当中，听众形象地把交通台的主持人们比作“能提供实质信息的城市导游”、“随时陪伴的好朋友”、“知识丰富的老师”、“贴身保护照顾的保姆”、“移动秘书”，而笔者对自己的任务定位是：

第一，信息服务：《一路畅通》的主持人是信息服务工作者。我们收集信息、整理信息、发布信息并通过和听众的互动、信息的循环发布和利用，实现信息价值的最大化。我们的信息有路况信息、交通信息、新闻、资讯、听众手机短信发送来的求助信息、主持人和听众的解答信息等等。主持人就像厨师一样，要善于烹调，原材料就是信息。

第二，精神和心理的服务：成为心灵按摩的高手，是对主持人更高的要求。交流最终连接的是人的心灵。我

们要调动所有能控制的因素去为受众的心灵层面服务。

第三，在《一路畅通》所提供的空间里，和听众互动合作，在共享的规则体系、共同的需求和目标的框架下，共同创造出每天上、下午共270分钟的和谐的共同认知、平安顺利的行走以及心理、精神的愉悦。

这是一个标准化的状态，我们假设所有的参与者都是按照规则作为，主持人也会在规定时间内完成所有规定动作。即便如此，整个节目的风格、特点、灵性、魅力还是要来自不同性格、不同教育背景、不同世界观和价值观、不同修养、不同表达方式、不同健康水平的综合体——主持人。不同的主持人创造出来的精彩程度是不同的。

所以，主持人特别要本着科学发展的态度来认识自己、充实自己、塑造自己、挖掘自己，以便和节目要求匹配、和谐。

二、提高主持人自身素质的关键在主持人自身

北京人民广播电台台长汪良教授曾说过："广播的硬件中最重要的是主持人，广播的软件中最重要的则是他们的主持。"广播是主持人媒体。在《一路畅通》节目当中，主持人是主权人、主控者：设计节目框架、安排节目内容、变换节目节奏、推进节目进程。

我们的受众不是一个有组织的群体，但我们要通过努力把这一群体的人数最大化并给予他们期待的目标内

容，达到和超越他们期待的水平。这样，我们的听众才会越来越忠实，我们的空间才会愈来愈广大。

主持人只有不断提高自身的素质，才能更好地驾驭节目，更好地为听众服务。我本人自少年时代主持广播少儿节目以来，不断学习不断积累，也在坚持几个“一”：

1. 一个好习惯

读书看报做记录。在有限的时间里有针对性地去补充和汲取文化养分。

读书使人形成对某一事物系统的、框架的认识，实际生活又让我们增加对它感性的认识，自身的悟性和天赋则是对这些认识的表现手法。学习探讨获得收益，好记性不如烂笔头。

我有一个习惯，到哪里都带笔和本，有什么灵感触动马上记下来，思考和发现更会记录下来，也就是一直处于工作状态中。本书中很多的例子都来自我的小本本。

不断地学习才使我们踏上一个新台阶成为可能。百科知识是连锁知识，来自自然和社会的多种营养让我们能够不断的进步、不断地感悟、不断地收获。

2. 一种好心态

自知者明、自胜者强。只和自己比，让节目不断有创新。

当然也要知己知彼：听听兄弟台或其他人的主持是“偷艺”和取长的过程。自己不逼迫自己，动作才不变形，基本上就会有理想的分数。如果自己的能力有 100%，只

要尽80%的心，只要使80%的力，别让自己烦恼着做这件事。适当留白也是给大家一种喘息的感觉，才能够持续发展。很多听众最喜欢我们的精神状态，比较积极健康。其实我觉得轻松活泼是一个方面，更重要的另一个方面是骨子里的传统，即回归与超越。

3. 一双勤劳的腿

交通节目主持人的显著特点——“恶补”道路交通知识，功夫下在话筒后。

敬业是一种性格特征，她是超越功利的对事业的一种热爱之情，她是一种责任，是发自内心甚至是灵魂深处的把事业做好的愿望。听众的喜爱与支持促使我们不断的自我激励、自我调整，更好地为人民服务。

这也是服务精神的一种继承。邹韬奋在《患难余生记》中有一段回忆：“我们对每一封信都用赤诚来处理，只须在力量上能做得更周到更满意一点，必要做到那样的地步而后肯休，而后肯甘心……我们往往忙得夜以继日、汗流浃背，为读者办成一件事，手脚酸软，筋疲力尽，不但不以为苦，且以能为读者有所尽力，在实际上做到‘好朋友’，视为至乐。”

在北京交通广播工作的这七年，我走过了京城的许多大街小巷、工厂学校、奥运赛场、剧院礼堂。走进大家中间，才知道大家在做什么，才知道大家做了多少努力，才知道大家需要什么，才能帮助大家了解大家、回报社会。我的采访机是随身携带的，随时记录我所发现的美丽。

4. 一颗包容的心

能够理解大家，包容世界。

主持人的工作是神圣的。都说水能照鉴万物，但只有在一种状态下才能，那就是静止状态。主持人尽自己最大的努力让自己成为一潭静止的清水。让听众能够在节目当中看到自己和更多人的生存状态。在主持人的正确引导下，保持一种温暖与关怀的心态。

这种心态是有利于大众传播过程中、直播状态下对许多事情进行评论时"度"的把握的。传播者这个"度"控制得越好，与受众越容易建立起长期的互信、互爱的良好关系。

5. 一种发现美的能力

发现美的是思想和精神，体现美的是悟性和天赋。

主持人的主持过程是他人生观和世界观的表现，当他个人的语言、态度、对短信的解读、对社会现象的解读能够成为表现他的思维方式，他的人生观和世界观的途径而非停留在技术技巧阶段时，距离成功就越发近了一步。主持人对某些事情的理解和对生活的智慧会巧妙地化解听众的不良情绪。有一次，一位听众发来短信说：本来我生日这一天想去登记结婚，可是他出差了，没登成。我给她的化解方法就是：第一，他是一个有事业心和责任感的人，你选对了；第二，从小女人的角度来说，咱们更应该高兴，因为你从能得到一份礼物变成能得到两份大礼了，一份是生日礼物，一份是结婚纪念日的礼物，可喜可贺呀。

善于发现事物另一面的美丽，以积极、乐观、向上的心去面对这个世界。

6. 一种追求美的感觉

我的心追求美，我的语言追求美，我的选题追求美。

我是水，稀释你的烦恼。我是水，增加你快乐的平方。

我是一粒沙，被交通广播磨炼和包装成了一颗珍珠。

这种美，听众一定感受得到。虽然听众对主持人的接受和喜爱是一个结果，听众自己也不会去寻找原因，但是作为一名从业者应该善于从现象当中去发现本质。

7. 一种贴近群众的心理状态

主持人是在节目中成长起来的。主持人和听众要产生共鸣，关心听众所关心的生活话题。我在节目当中一直会潜移默化地告诉我的听众：(1)没有什么人、更没有什么事是完美的。目的是给听众带来心理上的轻松。(2)我不会把自己化装成一个完美的人，偶尔我会露怯。如唱歌偶尔会跑调。(3)我的信心是义无反顾的，受到冷淡并不消减，受到青睐也不盲目增长。

主持人要知道自己的作用是服务听众，而不是服务自己。这种心态，听众是一定会感受到的。听众可以想象一个形象，由声音和态度组成的一个形象。司机会不会了解你？会！一位“的哥”的女儿大学读的是新闻专业，他的女儿和爸爸说："我想采访王佳一。""的哥"对他女儿说："你去吧，王佳一一定会接受你的采访，因为你爸爸是'的哥'。"这是听众对一名主持人多大的信任啊！事实上正是这样，我不仅接受了"的哥"女儿的采访，还请她吃了一顿饭，解答了她的问题，分析了她的现状，给出了我的建议。

8.一种高出职业线的道德修养

听众有时会把传播的内容纳入自己的思想体系中，把传播的观点和情感作为自己观点和情感的一部分。这种理论在大众传播学当中早有定论。如果一名主持人的观点和情感表现是能为大多数听众所认同的，这种影响就会形成良性循环，她（他）的口碑必然会越来越好。

换句话说，一名主持人的所有美德与缺点是敏感的听众们接收和感受得到的。这就更要求主持人加强道德修养，做和谐社会中和谐的一分子。

胡适写过一段文字："渐渐看得懂人的脸色，渐渐明白世间最可恶的事莫如一张生气的脸，世间最下流的事莫如把生气的脸摆给旁人看，这比打骂还难受。"每当拥有不良情绪的时候，在内力（自己）、外力（搭档和听众）的共同作用下，我会很快把情绪调整到《一路畅通》状态，我知道我无权把恶劣情绪带给我无辜的听众。

三、两位主持人的合作水平和默契程度决定了节目的可听性

主持人是信息处理器。事业心决定了信息发布者采

集的内容的丰富程度。两位主持人是双讯道，或共同发送，或一发一收。配合的默契程度决定了她（他）们发布信息的方法和质量。

《一路畅通》从 2000 年开始就是两位主持人相互合作的形式，相互配合的两位主持人的关系也是有一个理想的状态的：

1. 非常默契，彼此刺激

我在《一路畅通》有两位搭档：罗兵和顾峰。他们都是非常优秀的主持人。在直播时主要是由他们来控制节奏。

要做好《一路畅通》节目，合作的两位主持人必须默契。默契是需要时间磨合、需要用心感受、需要带着包容和理解看待对方才会得到的。如果一方善于发现对方的优点并让这些优点为节目服务，那就成功了一半。再加上直播时技术性的运用语态、表情、手势等潜台词去沟通，则会让节目如行云流水，自然流畅。

直播时，主持人彼此的情绪、状态通常也会相互影响。好的伙伴在一方状态不佳时帮助调整，为双方建立一条顺畅的思维通道；会为对方搭建一个小舞台，展现对方的优点和魅力，让对方自信；会放对方喜欢的歌而共享愉悦，进而共同把这种愉悦传达给听众。

我现在的搭档顾峰就是这样的好伙伴。在可以到交管局的食堂吃早餐前，都是他帮我买早点。在主持节目之外，我们平常很少见面，但善待人生，创造美丽是我们共同的心愿。

2.相互沟通,达成共识

如同主持人和听众可能会有的两种关系:间离、和谐,主持人之间也可能是这两种状态。兴趣不同倒好解决,没准儿还完整了知识结构。但如果价值取向相悖,直播起来在对待某种事情的态度上就会产生分歧,说起来、听起来都会觉得辛苦。一般管理者在安排搭档的时候会考虑避免出现这个问题,但如果条件如此,就只能是两位主持人在节目以外多多沟通,达成共识。

3.信息共享,分工协作

在准备节目时,我和搭档侧重点不同。选择音乐、歌曲我很少操心,编辑新闻、联络专家他也主动承担。采访、剪辑、查找资料是我的喜好。但不是每次节目都用得到所有的配料,相比较来说他捡了重担挑。直播时面对听众需求我们再共同去减少漠视、适当迎合、有效引导。

第三章 《一路畅通》节目的开场白

汽车座椅的设计越来越符合人体工程学，让驾驶者与汽车融为一体的感觉越强烈，驾乘的舒适性就越强。我们的节目也是如此。越多的听众有共鸣，节目整体越符合大众的思维方式、世界观、价值观，就会得到越多的受众无条件的接受和支持。

节目开场白是主持人给听众的第一印象，产生共鸣尤其重要。下面介绍几种属于我自己的开场预热“秘方”。

第一招：贴心地“猜”心，细致地拿捏。

体会听众心态，有针对性地切入：

“王佳一：当五环内属于狗年的最后一声鞭炮声悄悄停止的时候我们知道我们必须收心了。

顾峰：收了玩心，把一颗坚定的事业心呈现在您的工作中吧。

王佳一：紧张而忙碌的一周开始了，今天能见度不是特别好，雾中行车是对每一位本来就紧张的司机的极大考验。

顾峰：但只要我们多加小心、多多用心，平安的使者一定会围绕在你身边。”

这是正月十六，狗年春节后的第一周，我们节目的开场白。针对当天的天气和听众的心理，节目开始前我写下了以上的话。有时也会针对早高峰的出行者心理即兴创作，闪现灵感。有一次早高峰堵车，我就来了一段 RAP：

“你起床的时候慢半拍，
现在就要同样的对待，
虽然看到前面在排排，也不可以加塞，
别以为那个妹妹很可爱，
看到加塞的脾气就变坏，
小心她不顾一切挡住你，
你们两个车子都会变坏。
哦、哦，so bad。
别说我没有提醒你哦，《一路畅通》现在开始。”

第二招：简明扼要，新闻报道。

这一方法在特殊的交通管理手段实施、特殊天气影响交通、记者现场连线等情况时使用。

“王佳一:2008 年 7 月 20 号,北京时间 7 点 38 分,交通广播《一路畅通》现在开始。

顾峰:在交管局指挥中心为您现场直播的是顾峰和王佳一。

王佳一:从今天开始,保障奥运交通的单双号限行措施就正式实施了。小顾,你单号,今儿怎么来的?

顾峰:地铁呀。从今天开始,地铁#¥%-*……”

第三招:感悟生活,真情流露。

“王佳一:小时候,我们的心充满冲动,去探索世界征服一切,一次次的流泪后我们长大了:没有了盲目,向着自己能够走好的路义无反顾,您现在义无反顾地走到哪了?……”

“王佳一:繁忙的早晨,路上拥挤,请你多留意。

顾峰:都是好朋友,都是一家的,千万别相互对不起。

王佳一:学习不落后,工作多努力,让我来赞美你。

顾峰:我们祝你平平安安、顺顺利利、欢欢喜喜!

王佳一:北京交通广播《一路畅通》现在开始!”

第四招:续写诗歌,自然亲切。

“王佳一:没人航行过的大海是最美丽的,

顾峰:没成长的孩子是最可爱的,

王佳一:没经历过的日子是最幸福的,

顾峰:没对你说过的话是最甜蜜的。

王佳一:没开始的节目是最令人期待的,

顾峰:已经开始的节目是为您服务的。

王佳一:各位下午好,欢迎驶入我们的都市快行线——《一路畅通》。”

第五招:热情阳光,情绪导航。

“王佳一:老一辈迎着风雨去奋斗

顾峰:您只不过是淡品拥堵回家忙。

王佳一:别太着急啊,咱妈还没熬好汤。下午好。北京!下午好,那些爱自己也爱他人的朋友们!欢迎收听:《一路畅通》。来来来。把眼中的、心中的、脸上的阳光都带给大家吧!”

第六招:理解为先,劝解在后。

“王佳一:当计划赶不上变化的时候要稳中求顺,求平常,得平安,平安最重要。

顾峰:2078 的朋友发来短信说平安大街自从有了公交车道就堵得厉害,真郁闷。一个右转弯都 10 分钟了,还转不过去。

王佳一:习惯是慢慢养成的,秩序是大家维持的。有些道路是行驶缓慢的,希望大家的心态是多一点平和少一点无奈的。公交车道在临近路口的时候是会取消的,等咱们大家慢慢适应了这种高峰时段的交通特点,就会默契配合,行驶顺畅了。”

第七招：借船出海，扬帆远眺。

使用听众发来的精彩短信息内容来吸引大家的耳朵。

王佳一：北京时间7点38分，在交管局指挥中心为您现场直播的《一路畅通》现在开始！顾峰，这怎么大早上起来就有人给你出题。

顾峰：什么题，说来听听。

王佳一：说长途客车上并排坐着一男一女，女的头歪在男人肩膀上睡着了，会有故事，男的歪在女人肩膀上会有什么？

顾峰：叫什么呀？

王佳一：报完了路况告诉你。

（……答案是“事故”。）

第八招：同感、同情、同愿望。

王佳一：这么美的阳光这么美的天，你是否带着美丽的心情来到我们面前？

顾峰：阳光下挡好遮光板，小心驾驶保平安。

王佳一：星期六的早上出门这么早，一定是想去郊外走走。我们就祝大家永远和大自然保持良好的合作关系，希望天天都是好天气。

顾峰：《一路畅通》现在开始。大家帮助大家的平台已经建立。希望大家在路上一路平安，一首好歌送给你！

山是一个人内在品质的代表,水则是一个人与他人沟通能力与愿望的表现,水比山显得面貌要多一些。

我的心是山,我的言行是水。人的情感机能在当今多方的压力下是在慢慢退化的,当大脑中塞进太多的规则、知识、工作、学习的时候,情感被挤得喘不过气来。我们有义务代表青年、代表女性把饱满的精神和情感用来丰富我们的生活,把快乐送给生活在这个城市里的人。

主持人的语言是语言的雕塑,有的时候没有说得那么圆满,也不必遗憾,因为断臂的维纳斯反而因为缺失而有想象的美感。让听众产生形象的联想是广播的最大特点,也是优势。听到主持人描述的短信,听众会想这是一个什么样的人才会有这样的经历,真逗。

另外,还要充分地利用音乐、音响等非语言信号来引导听众的情绪。节目的情绪源于主持人个人的情绪,节目中展现的生活、处事态度很大程度上就是主持人个人的态度。

第四章 《一路畅通》节目话题的设计及准备

话题互动在《一路畅通》节目中着正装、踏着迎宾曲出场亮相是从2004年1月1日开始的。那时候话题的选择和推进都相对简单。因为空间大、形式新、内容丰富，拿出个题目大家就想发言。从2005年末到现在，我们上、下午的话题就根据交通出行的特点、交通流量的变化以及由此而产生的听众的心理和需求做了一些调整。上午，我们侧重一些短新闻的采集及多方面的信息收集并把话题定位在城市、交通、行车等方面；而下午就更加注重生活、情感、时尚、流行、民俗、文化、习惯等。

话题互动在节目中的应用也在改变新闻媒介的一种负效应。李良荣在他的《新闻学导论》中提到这种负效应："丰富了知识，却降低了思考能力。连接了世界，却淡漠了人际关系。"这两点在我们的节目当中都有所克服。我们倡导大家帮助大家，同时将思考的、回忆的、创作的短信内容在公共平台上进行交流。

随着交流的深入和精彩程度的增加，听众对节目的期待越来越高。由此，主持人在其它能力相接近的前提下，话题设计和互动的成败便决定了节目的精彩程度。下面从几个方面谈谈话题互动的操作方法和注意事项。

一、话题设计的原则

从2004年到今天，《一路畅通》的话题题目已经接近3 000个。许多话题得到了听众的热情参与，有与交通有关的，有与百姓生活息息相关的，有以情感人的。《一路畅通》是一个磁场，充满了友爱、关心和正义，反射着人们对真善美的追求，主持人和听众共同感受着丰富多彩的世界。针对话题的可参与性及调动听众的参与热情程度，我总结出几个设计话题的原则：

第一、独创性原则

话题是否精彩，选题设计的独创性很重要。另外，第一印象的话题导入也是让更多的听众能够参与的重要原因。这是一个信息化的时代，有效的编辑整合资源、独特的导入方法会让不同的主持人体现出不同的风格与魅力。如《爸妈语录》、《雪天行车公益广告》等话题都因为它的独特构思而事半功倍。

第二、通俗性原则

是通俗而不是庸俗，是角度低而不是水准低。如：《冤大头》、《车上趣闻》、《来不及》等。

第三、大处着眼、小处着手原则

选题小似茶叶，冲泡几番，泡开了，那就是一杯好茶。主持人要给听众留有施展的余地，给听众一个小角度，听

众就能够给出更具体的东西。具体而感性的描述就像电视镜头所呈现出的画面，会给人留下极深刻的印象。

如：残奥会期间，恰逢中小学开学，两者合一要说一个话题，我们就设计了一个话题《体育课》，从体育课上的故事、体会、感想入手，说说上学时候的事，同时能够在节目进行中与残奥会的比赛、残奥运动员的精神相结合，也算用心良苦。我们说《包饺子》、《第一次喝咖啡》，说《墙上挂着啥》、《学骑自行车》，在生活画面慢慢展开以后，我们再共同把生活赞美。

第四、深入化、专业化原则

交通方面的内容属于这一范畴。这类话题能够唤起非常具体的集体的回忆。如《告诉你个秘密——我为什么不违章》、《我的考本经历》、《第一次上路开车》、《过路口的经历》、《在北京的马路上你看到了什么变化》。与交通有关的专业话题，我们不只着眼于它的短期效果，更着眼于它的长期效果和对听众更深层面的影响。

第五、根据主持人自身优势设计话题的原则

我和现在的搭档顾峰的优势是语言的张力大、声音的可塑性强，情绪饱满并且容易进入特定的情境，需要主持人现场表演情景的话题就是我们最容易控制的话题。比如：《雪天行车公益广告》、《军歌嘹亮》等。

第六、根据城市节奏和听众精神状态设计话题的原则

一周或一个月都会有城市节奏，话题设置的时候必须考虑到这一点。新闻性、时效性不能是自始至终的。

话题的选择要体现出节奏性：在周末或几个内容比较满、或节奏比较快的话题后就要适当地设置轻松搞笑的话题。不仅调节听众的情绪，更可以缓解主持人的疲劳感。比如，在周一至周五的紧张节奏之后，可以在星期天的节目中用一个《欢声笑语》的话题来调节一下节奏，就相对容易让听众的心理与收听期望相符合。

《纽约时报》报头上的箴言是："刊登一切适宜刊登的新闻"，那么《一路畅通》也要避免说一些不合适的话题。那么，什么样的话题不适合说呢？不合乎社会及道德规范的、容易引起心理恐慌的、不利于社会安定团结的内容，即便能使收听率上升、关注度增加，也是我们选题时要放弃的。我们的主旋律永远是倡导文明，创造和谐。

二、互动话题的类型

《一路畅通》是一档对象性很强的节目。我们主要针对的是在路上的移动人群。节目的目标人群既是小众的——开车的和坐车的人；又是大众的——包括每一个开车的、走路的、坐车的、骑车的人的全体交通参与者。

这个受众群体有一个最大的特点：多样性。这个群体不同于财经、少儿、老人、体育、外语等类节目的对象，她的对象可以是任何年纪、任何职业、任何收入、任何方式出行、任何爱好、任何学历的任何人，可以是高官、可以是明星、可以是残障人士，可以是任何有听力的人。因为人人都要参与交通，很多人都需要交通信息。

由于《一路畅通》上、下午播出时间内的出行流量、出行特点、听众心理都有所不同，一般上午的话题侧重于新闻性、时效性、思考型、思辨性，另外，与交通有关的事成为重要内容。而下午则偏重生活、情感、健康等内容，更细腻、更平常、更生活地接触百姓生活，让大家放松。

基于以上这些考虑，我们在实际设置话题的时候，可涉猎、取材的范围很广，但上、下午有所侧重。下面归纳出几个类型：

第一类：交通广播说交通；行车路长、交通为上

行车技巧的探讨：《雪天行车公益广告》、《开车的习惯》、《转弯》、《看路标》。

焦点事件的态度：《我的泊车经历》、《单双号出行的特点》、《我为什么不开车》。

出行习惯的引导：《公共交通里的爱情》、《想说行车不容易》、《你的车上有什么》。

交通画面的刻画：《副驾驶的使命》、《曾经拦车的经历》、《夜行记》、《学骑自行车的经历》。

尤其是在《一路畅通》话题交流时，要充分实现大众媒体的社会劝服功能，为我们所服务的这个城市能够拥有和谐的交通环境起到重要的作用。

第二类：国家大事，共同商议；新闻事件，及时通联

这一类话题是新闻性很强或与当前人们关注的焦点有关的内容。如：在第 29 届奥运会筹办阶段，我们设计的《如果我来设计奥运会开幕式》、《对你个人来说，奥运是一个什么样的机会》。关于奥运的话题的设计，我们很注重让她“口”要小，生活化、平民化的。

对于新闻事件，听众心理是有收听期望值的。当神州飞船发射的时候、当奥运火炬点燃传递的时候、当汽油价格有所调整的时候，在听众的心理不仅有对这方面新闻和信息的需求，也有对观点和感受的需求。

另外，还可以从新闻事件中取一个点来做话题。比如在天坛祈年殿修葺的过程中，做一期话题叫《最喜欢的建筑》，新的、老的建筑都可以说说。在节目当中，记者电话连线介绍祈年殿的修葺状况，介绍一些保护古建筑的知识，国内外的建筑如何进行修缮，还有国内外的有特色的建筑物的名字等。

第三类、应时应景，应运而生

中华传统讲究水到渠成，应运而生。话题选择的其中一个原则也是如此。每到节日、纪念日、节气，听众对这一类的信息是有期待的，话题的设置就要符合期待。

比如说，1 月 3 日是元旦假期后的第一个工作日，也是我和顾峰新年的第一期节目，我们设计的话题是《开门红》；如 2008 年 8 月 9 日我们说的就是《我来说说奥运会开幕式》；5 月 18 日是世界博物馆日，我们设计的话题是《我去过的博物馆》；爱牙日我们说《关于牙的故事》等等。

第四类、公益内容，全民呼吸

主持人设计话题很重要的一点是用心体会听众，具有社会责任感。只有这样，主持人才能把一个生动的、真实的形象树立在听众面前。同时这也是大众传播的劝服功能在《一路畅通》当中的充分体现。

节能减排是一段时期以来社会经济发展中必须重视的重要环节，我们则设计了《我家的节水高招》、《节约——非常节电》等话题提高听众的节能意识，告诉听众节能的方法。汶川地震后，我们与听众共同制作了《写给灾区的爱心卡》，引导听众帮助灾区群众进行心理重建。

第五类、人间百味，共同体会；七情六欲，彼此相依

此类话题，如：《当冤大头的经历》，下面是这个话题的导语：

“某年某月某一天，你一不小心，或一时冲动做了一件事。

有人说您侠肝义胆，有人则说您是冤大头。

我们小心翼翼，我们探头探脑，唯恐做了冤大头。

但是例外不是没有，心甘情愿做冤大头也是能够。”

此类话题还有：《相亲》、《幸福的瞬间》、《恋爱妙方》、《心跳加快》、《你身边最佳的约会地点》、《如果遇到问题，你第一想到的是谁》、《你曾经试推开心灵另外一扇门吗？希望看到什么风景》、《什么事情你觉得不需要理由就去做》、《你想拥有一个什么样的朋友圈》、《任劳任怨》、《口是心非》、《珍惜》、《人前显贵、人后受穷的经历》、《放弃》、《半吊子》、《 旅行中的梦想和现实有巨大反差的一次》、《无知者无畏》、《你曾经伤害过谁》、《我的少数民族朋友》、《奇迹》等。

第六类、学校、家庭和职场，生活五味共分享

这几种话题都属于人文关怀类：如：《爸妈语录》、《贤妻良母》、《儿时学会的第一首诗》、《让我长大的一句话》、《一个人的收藏箱》、《我当团员的经历》、《老师对我说》、《我们单位的星期一》、《晚饭后如果不看电视，我们做什么》、《办公室热点》、《楼下的风景》、《名片的变化》、《我的农民兄弟》、《你曾经担当过的职务》、《跑题》、《开会》、《会餐》、《办公室里的酸甜苦辣》、《白手起家》、《办公室格言》等。

第七类：四季变幻、生活习惯，养生健康

如：天凉了，说一期话题：《我的火锅情节》。话题导语："如果你很爱吃火锅，如果你曾经爱吃火锅，都请告诉我们。别怕回想那一段风花雪月，别在意曾经品尝的甜酸苦辣，说说你的火锅情节。把那些不接受火锅的朋友拉到桌前！"

如：话题：《常挂嘴边的一句话》。话题导语："男人最常说的、女人最常说的肯定不一样，厨房里最常说的、大学宿舍里最常说的、办公室里最常说的也不一样，独身青年最常说的、恋爱中最常说的、结婚后最常说的更不一样。您最常说的一句话，常挂嘴边的一句话是什么？您观察不同职业的不同处境的人常挂嘴边的一句话是什么？比如：售楼小姐常挂嘴边的：起价××元。潜台词就是：你永远也买不到这个价格的房子。"

又如，为了普及一些急救知识，我们设计了一期话

题:《危难之时显身手》。节目中不仅采访了北京奥运会城市志愿者说了说简单的急救方法,更请到某医院急救医学中心的主任在节目中教授急救知识,并运用多种娱乐形式:相声、小品、快板、歌曲等配合话题展开,增强趣味性。

此类话题还有《让咱爸咱妈动起来》、《感冒》、《散步》等。

第八类、轻松时段、娱乐生活

设置这类话题目的是把堵车的时间变成精神上的休息与玩乐的时间。调整主持人和听众的情绪节奏。如:《唱卡拉 OK 的经历》、《读错字的经历》、《习惯动作》、《最勇敢的尝试》、《拉歌的经历》。

第九类、天气第一,一切"稍息"

当遇到特殊天气时,全部节目内容都要为由此带来的交通问题服务,话题也不例外。如:《雪天行车公益广告》、《2004 年 7 月 10 日暴雨特别节目》等。

有朋友问我,这话题说来说去总有说完的时候。没错,想要有独创性确实越来越难,只要主持人善于在生活中发现和寻找,还是有很多可用之材。

2008 年 3 月,我参加北京市政协奥运火灾风险评估课题组的调研活动时了解到:大量或超负荷使用电器、消防供水设施不足、违章操作、吸烟、生活用火不慎造成的火灾防不胜防,时有发生,所以需要加大全民消防知识的普及。针对这个情况,我马上设计了一期话题:《消防安全公益广告》，第二天下午进行直播。节目中，请消防局的宣传干部在直播中宣传消防知识，听众根据自己掌握的防火知识来创作消防安全的公益广告。听众写到："致富千日苦，火烧当日穷"等。我自己也被现场扫盲，写了几条，其中一条是简单易操作的防火方法：

油锅着火别害怕，
请把青菜往里下，
青菜熟了火灭了。
油锅着火别着急，
请把锅盖盖上去，
阻隔空气火焰离。

三、话题的导入手法

话题的引出决定了第一批参与者的参与热情。第一批参与者的短信内容又直接影响了后面听到节目的听众的热情和愿望。实现话题互动的 N 次传播，"导入"起到至关重要的作用。风格独特的导入也是让听众产生参与热情的重要因素，导入的语言特点、方向、方法取决于主持人对这个主题的态度。下面举几个导入话题的例子。

（一）鼓舞志气，凝聚豪情

这种方法适合节日、纪念日、新闻类的话题引导。

话题《开门红》的导入语：

家家户户盼着开门红，
各行各业盼着开门红，

男女老少盼着开门红，
经济文化盼着开门红，
招商引资开门红，
体育赛事开门红，
新年歌会开门红，
首季生产开门红。

你希望在哪一个方面能够开门红？元月开门红，全年满堂红！

新年上班第一天你的单位或家里都有什么特色？如何努力实现开门红？你记忆中的开门红的经历，父母亲同事们朋友们经历的开门红，为开门红您都做了哪些准备？今日话题《开门红》。

（二）诚心相邀，梧桐引凤

此种导入适合讨论、表明态度的、征集观点的话题。

话题《八分钟约会：快速约会》的导入语："您会如何看待八分钟约会？八分钟，八次精彩的机会，一段精彩的人生。你会去吗？你会与对方谈什么？你会制订什么样的规则？你怕对方问你什么问题？如果你喜欢了对方，再铃声响起的时候你会对他说什么？别忘了把您的职业、年龄甚至学历告诉我们。"

如话题《您认为什么是福》，这是一期在春节前后播出的节目。导入语："中华民族自古以来就有福文化，您认为什么是福？您知道福星和禄星的传说吗？平安大街上有个五福里，代表的是五福临门，您知道五福是哪五福吗？有一个学术研究说的是幸福指数，幸福指数也是发展报告里一个重要的指标，幸福指数有 GDP 或幸运感，您认为您的幸福感有多高呢？”

（三）内容导入，打鼓催兵；种下良种，收获必丰

以自己对话题独特的理解将话题抛出，起到抛砖引玉的作用，引导更多的听众发来短信参与话题。凝聚着听众智慧的一期话题是《我心中的奥运会开幕式》。

“如果你是导演，你会怎样设计奥运会的开幕式？你会安排什么节目？让谁来点燃神圣的火炬？说说吧，说出你心中的奥运会开幕式！说说我们心中的中华文化大餐！”

这期节目之后，我带着听众的短信到北京奥组委向刘淇主席、张艺谋导演以及他的团队反映了听众们愿望，并且阐明了我个人的观点：要有一个大开幕式的理念，希望她是一个全民的开幕式，广泛的开幕式、不局限于场内的开幕式。运用多手段、多媒体、多途径、多形式进行整合宣传。让精彩来源民智，集中民智。体现民智，高于民智。

在股市大涨的那段时间里，我们做了一期《一次赚钱的经历》的话题，导入语：

“钱这东西——是人见人爱的，哪怕再纯洁，说不贪钱有人相信，说不要钱谁也不会相信。

钱这东西——一直与人们走得很近，但人们却很难

和它相处。于是，对于钱，有人欢喜有人愁。

无论你生活在世界的哪一个角落，衣食住行出门就要花钱。

再富的人也不会嫌自己钱多，再多的钱也可以挥霍殆尽。

所以说我们要：首先，要学会'看钱'；其次，要学会'赚钱'；再次，要学会'用钱'。看和用我们今天暂且不表，今天主说赚钱！

说说您一次赚钱经历，那一次在什么时候，是用什么方法赚的？"

（四）有急有缓，有张有弛；情绪导入，先说后议

这种导入适合忙碌了一天后想放松情绪的傍晚时光。

话题《我们是这样培养感情的》是这样导入的：

"谁都渴望拥有甜蜜的感情生活。每个人付出感情的方式都是不一样的：有的人比较直接，用语言，对方通过语言的引导去体会；有的人更加直接，用行动上的关爱，对方直接去体验；还有的人用春雨般默默地滋润。您呢？您是用什么样的方式培养感情？今天我们互通有无，让生活因此而提高质量，让感情因此而得以升温。"

破题之后，在节目进行的过程中再根据短信进行评论。

（五）轻松愉快，音乐先行

在导入话题《想念的感觉》时，我们伴着歌曲富有诗意地说：

想念一个人，一个地方，

想念的感觉如此强，

像时空凝固什么都不去在意，

像浪花翩翩舞蹈也不去鼓掌，

还像什么？

由你来对我讲——想念的感觉。

根据这个话题，准备了歌曲：《想念你》、《蝴蝶的触觉》、《城里的月光》、《Call My Name》、《浪漫风暴》、《爱在蔓延中》、《我恨你》等。

《一路畅通》选择音乐时，非常注重节奏与车速的配合，背景乐中大部分是中速稍快的，少数根据情绪需要作调整。歌曲的选择是在这个原则的基础上注重与主题的契合。

（六）列举铺陈，表演助兴

也可以说是列举式导入法，就是把话题的广度、要展开的面让大家看到，同时打开和拓宽听众的思维。

话题《学车》的导入语：

“从学步车开始，自行车、三轮车、电瓶车、电动车、汽车、吊车、卡车、小轿车、大客车，您都学过的吗？肯定没有都学过的，但怎么着也应该有学过或正在学一两样的，可以说说别人的，更得说说自己的。”

（以下是主持人的表演）

老师，我报名。

学什么呀?

这都教什么呀?

教什么? 有学步车、儿童车、三轮车、自行车、电动车、电瓶车、吊车、铲车、小轿车,有拉着货的大卡车,有集装箱的大货车,您学什么?

我想学开火车。

不教!

这上面一套"惯口"是主持人把话题引出的一种方式。

话题《让咱爸咱妈动起来》的导入语改编了我在《动感北京》节目的片花,感染力很强:

爱情让生活动起来,
热情让事业动起来,
色彩让美丽动起来,
进步让思想动起来,
太阳让地球动起来,
足球让赛场动起来,
音乐让你我动起来,
你我让手脚动起来!

啊? 动手动脚?

那我改词,你我让爸妈动起来!

(配乐 RAP 说完,接一首《健康歌》)。

说说咱爸咱妈平时做得最多的动作,那个动作能健身吗？如果咱爸咱妈还没有开始健身行动，你就把收音机开大点声，让他们听听这一期的话题，让咱爸咱妈动起来。”

这期节目的中间加入了对北京大学体育教研部刘承鸾教授的采访，她介绍的是几项适合老年人健身的运动项目。还电话连线采访了北京市体育局社体处副处长颜纳新，他介绍的是北京市群众体育的一些优势项目。

话题《默契》的导入语：

说说生活中见过的或与你配合特别默契的人。

做饭的时候、买东西的时候、

开车的时候、游戏的时候、

学习的时候、比赛的时候、

谈恋爱的时候、谈生意的时候、

谈工作的时候、弹玻璃球的时候。

你们和他们有着怎样的表现？你们/他们是用多长时间形成默契的配合？是用语言还是用表情，还是用体态语？

话题《可爱的大实话》的导入语：

有些实话是老人说的。

有些实话是孩子说的。

有些实话是你说的，

有些实话是他说的。

有些实话让人心酸，

有些实话让人彷徨。

可也有些实话让人捧腹，

有些实话让人欢呼！

今天就让我们来说说那些让您关注的、让您发笑的、让您记忆犹新的、让您无限回味的大实话。

别忘记了告诉我们是谁的原著，说话的环境是什么。

话题《我最爱的味道》的导入语：

繁忙之中刹住车，泊好它。让我们去做点什么！

在最爱的时光里，亲手调制属于自己的幸福味道。

我喜欢手洗出来的衣服被太阳晒干后的味道。那是家的味道：温馨安全暖洋洋。

我喜欢细雨时泥土的味道。那味道也是打着同一把伞的男友的味道。

喜欢紧紧拥抱时激情的味道。

喜欢妈妈做的烙饼的味道。

喜欢运动快感的味道，那是能让身体味蕾感受到的。

你最喜爱的是什么味道？今天共同来聊聊。

（七）抛砖引玉，多重导入

设计几段能够解释说明话题内容、表达主持人愿望的导入语，在不同的时段使用。如北京奥运会城市志愿者“微笑圈”发布的时候，我们设计了一期话题，《微笑的作用》。导入语是这样写的：

1.第一组导入语

今天我们说一说微笑的作用。

微笑,值多少钱?

那谁,就因为一个灿烂的微笑才百媚生。

那是自恋和讨好的微笑。

自恋的微笑一般是自己在镜子前的表现。

除了在镜子前的自己乐观欣赏的微笑,您还在什么时候微笑?

您见过的最美的微笑是谁的?

您见过的最感人的微笑是谁的?

有让您讨厌的微笑吗?

有让您害怕的微笑吗?

有特别复杂的微笑吗?

乐观的人永远有微笑:在脸上,在心中。微笑是北京的名片。

2.第二组导入语

微笑是北京最美的名片,微笑有什么作用?

不同的时间不同的地点作用不同。

我们在镜子前微笑,

我们在窗口前微笑,

我们在长城上微笑,

我们对全世界微笑。

乐观的人永远有微笑,在脸上、在心中。

微笑是我们欢迎奥运的心愿,56 个民族有同一个心愿，一个心愿化作五个微笑圈，那是微笑的承诺。

3. 第三组导入语

让微笑如紫荆花般盛开，带着旺盛的生命力。

让微笑如和平鸽般飞翔，带着诚挚的祝愿。

让微笑如婴儿般纯洁，带着无限的希望。

让微笑如小溪般清澈，带着永恒的使命。

让微笑遍北京，把祝福传天下。

以上是根据清华大学的一位志愿者曾经写下的一首与微笑有关的诗改编的。原诗如下：

让微笑如紫荆花般盛开，
让微笑如和平鸽般飞翔，
让微笑如婴儿般纯洁，
让微笑如小溪般清澈。

（八）我问你答，生活会话

用主持人提问，邀请听众回答的方法来使话题的可参与性更强：

话题《出差归来》的导入语：

每当你出差归来，你的父母、妻子、恋人、孩子、同事都有什么样的言行？

最让你感动的是什么？

最让你气愤地是什么？

最让你高兴的是什么？

最让你难堪的是什么？

今日话题：《出差归来》。

话题《我的考本经历》的导入语：

我是一条小鱼，在属于我的河道里游玩、嬉戏。

我是一名司机，在属于我的车道里行走、拥挤。

能当上司机挺不容易，必须有一个成功的考本经历。

今天我们就把这事提提。

不同的朋友有不同的考本经历。

考试时有不同的心理和情绪。您是紧张呢，是紧张呢，还是紧张呢？

您对自己发挥是否满意？

考你的警官是否和气？

您考试的年代是70年代？80年代？还是本世纪？

您考试的科目和今天有什么同什么异？

请您搜集自己的回忆，整理整理自己的信息。

让我们共同说一个话题：《我的考本经历》。

话题《办公室的运动方式》的导入语：

您是做什么工作的？

每天在办公室生活中您有自己的运动方法和锻炼方式么？

您计算过运动量么？

另外，您的工作对您身体的哪一部分锻炼得比较多？

好身体是做好工作的基础，让我们开始自己的办公室运动计划吧！

话题《在公交车上或者地铁列车中给你留下深刻印象的人》的导入语：

那是一个什么样的人让你至今难忘？

那一天，让你产生了怎么样的情感？

是敬仰的？是好奇的？是可怜的？是尊敬的？或是气愤的？无奈的？

为什么？

话题《说感冒》的导入语：

你得过感冒吗？

第一次感冒是什么时间？

一直难忘的那次是什么时间？

当时家人、朋友或恋人是怎么样处理这件对你来说是非常非常非常重要的事情？

你又是什么态度？

那次感冒是多长时间好的？

你有怎么样的收获？

今日话题：《说感冒》！

四、针对话题的资料准备

在导出话题时，主持人所选择的背景音乐也会在潜意识里传递给受众一个信息。我们这一次交流的主调：是深情的、是叙事的还是轻松搞笑的。所以，当主持人确定了一个主题，所要做的准备是多方面的，下面就来说说这个环节。

在创意话题时，主持人对需要准备的资料就已经有了一个初步的想法。这个时候特别需要发散性思维，能够想到更多的点、面，丰富话题内容，尤其是一些细节的准备，独特的细节对听众是一种营养。

(一)《我听到的最美的声音》中采访和背景知识的准备

话题《我听到的最美的声音》的导入语：

从小到大或到老，您听到过的最美丽的声音是什么声音？

在闹市，还是乡村？

在房间里，还是大自然中？

发出声音的是什么人还是什么物品？

是动物还是闹钟？

把美景留给眼睛，把美味留给鼻子和嘴巴，把美好的声音留给耳朵吧。

不光要让自己的耳朵听到好声音，也努力不要让别人的耳朵听到不好的声音。

保护好我们的耳朵。让它陪我到老。保护好我们的快乐，让它陪我们走。

让眼睛看到美丽，让嘴巴尝到美食，让鼻子闻到美味，让耳朵听到美好。

和谐的社会，和谐的声音。今日话题：我听到的最美丽的声音。

这期话题当中的采访，是我在北京市第四聋人学校

进行的。对于听力失聪的人来说，一个正常人能听到的所有的声音都是最美的，这是我个人从聋人学校回来之后的体会。我把这种情绪传递给我的听众，让大家对自己现有的状况拥有满足感。

那一期节目最美的声音是聋孩子通过对手语和唇语的模仿发出来的祝福：祝司机叔叔阿姨一路平安！

在第四聋人学校的采访包括对聋校孩子的生活状况的介绍，他们所能学习到的知识和将来能从事的行业的介绍。还有很重要的一点，是告诉收音机前的准备要孩子的年轻人要注意婚前检查、怀孕期间用药以及怀孕期怎样避免噪音污染而减少智障的比例。这些是另外一扇窗子里的内容，我们也有必要进行介绍。

(二)《说说你遇到的麻烦事》中新闻信息的准备

1.第 组导入语

种色彩。

些麻烦，

故意制造的。

活，用细腻的烹调制造美味。

麻烦事。

麻烦事。

事。

事。

的麻烦？你又是怎样解决的呢？

遇到的麻烦事》

2.第二组导入语

不同职业的人有不同的快乐。

不同追求的人有不同的麻烦,

工作中、生活中,我们都会遇到麻烦。

你愿意和我们说说吗?

别忘了告诉我们你的处理结果。

无论遇到什么,你都要学会自我调节,

展现笑容,而笑容是一个人最大的美感体现。

但,谁又能够避免麻烦呢?

3.第三组导入语

有些麻烦是外力影响情绪的,

有些麻烦是源自自己的身体的。

或许你也勇敢地说说不同的身材特点带来的麻烦

或许你也有兴趣讲讲汽车带给我们的麻烦!

听了这期节目,相信您会捋顺一些事情避免烦恼,

因为有些麻烦自己知道,有些却不知道。

今日话题《说说你遇到的麻烦事》。

以上是多重导入的话题导入语,我还准备了很多与此相关的新闻事件。

如:售货员遇到的麻烦事:

一位大爷提了一篮子硬币去买电视,一群人数钱数了30分钟;

广东有个女子要打麻将,可她4岁的孩子总是哭闹,

为了安心打麻将，她给儿子吃安眠药；

还有网络带来的麻烦，自己处理不了请自己的亲人朋友帮忙的麻烦；著名导演霍建起的麻烦：《那山那人那狗》最初零票房，却墙里开花墙外香，在日本艺术影院创下 1000 万人民币的票房；

还有贝克汉姆的麻烦：研究说他长着女性的大脑。

中国人有中国人的麻烦，挪威人有挪威人的麻烦，是关于鸡蛋的麻烦；

还有最新研究表明：针灸能减轻痉痛的麻烦……

最后引导大家思考遇到麻烦事的处理态度：怎样调节心理？想开后还得解决它，行动比思想更有力量。为了没有大麻烦，用心解决小麻烦。

准备的内容比较多，但有许多因为广告多、听众短信多而没有时间播出。内容和广告抢时间，这是我的一点小麻烦。

（三）《春天的故事》中诗词和相关资料的准备

1. 导入语：回忆春天

春天来了，尘封已久的心一定要复苏了。

那就说说您在春天里发生的故事。

故事可能发生在去年的春天，今年的春天，

北京的春天，故乡的春天，

儿时的春天，谈恋爱的春天，

可以是永生难忘的故事，可以是令您自豪的故事，进步的故事，事业上有所突破的故事，不该发生的故事。只要是发生在春天里的，就都是春天的故事！

今日话题：《春天的故事》。

永生难忘的故事

捧腹大笑的故事

令你自豪的故事

不该发生的故事

只要是发生在春天的，就都是春天的故事。

（魏淑芬的语气）今天是 3 月 21 日，二月初三。今天是春分。

2.导入语：诗意春天

春天来了，春风吹拂着我们欢乐的面庞。春天里我们努力书写着春天的故事。一年之计在于春，春天花会开。春天是充满幻想的，春天是充满激情的；春天来到，尘封已久的心一定要复苏了。就让你热情的心，书写春天的故事。

准备：春分的知识。关于春天的诗。如：《水龙吟》惜春："算春常不老，人愁春老，愁只是、人间有。"如："红豆生南国，春来发几枝，原君多采撷，此物最相思"；还有"落红不是无情物，化作春泥更护花"、"二月里来好春光"！《咏春》贺知章："碧玉妆成一树高，万条垂下绿丝绦。不知细叶谁裁出，二月春风似剪刀。"

3.导入语：歌唱春天

根据主题准备歌曲《春天在哪里》、《春天花会开》等。

王佳一：春天，让心情和花儿一起绽放。

顾峰：小鸟在前面带路，春风吹向我们。

王佳一：是风儿吹向我们。

顾峰：小鸟在春天张开翅膀，春风在快乐地为小鸟欢唱。

王佳一（童声唱）：春天在哪里呀，春天在哪里，春天就在翠绿的山林里。

顾峰：这里有红花呀，这里有绿草，还有那会唱歌的小佳一。

王佳一：（即兴改编歌曲《春天在哪里》）：国贸在哪里呀，国贸在哪里？国贸就在双井桥北边呢！这里车很多呀，司机都着急，劝君不要再往里边挤。嘀哩哩，嘀哩哩……。

（四）话题《我见过的最好的交警》准备的背景资料

话题的导语：

今日话题是：《我见过的最好的交警》。

你为什么觉得他好？是什么感动了你和影响了你？

他是什么样的（现在的、过去的、国内的、国外的、京城的、郊区的）。

我们的原则是：不拘一格的讲述；我们的题目是：《我见过的最好的交警》。

针对这个话题，必须查找和准备一些背景资料用以丰富节目内容。资料包括：中国交警的历史发展、第一位交警的背景、交警的服装的变化、交通指挥棒的变化，指挥台的变化，交警的鞋子（冬天），交警头上的伞（夏天）、交警的社会地位、婚姻恋爱、交警演的节目；首都十大交警的评选，在首都的发展和社会进步的过程中他们起到的作用；中国交警之最：如最有特点的交警，大连的女骑警；交警的健康问题：首都曾经的女交警（站立时间长了子宫下垂，所以由执勤民警变成内勤）。

节目中还准备了采访内容：采访神州第一队帅府园队；交警的岗位资格认证；如何能当上一名交警。

第五章 手机短信在《一路畅通》节目中的应用

手机短信是《一路畅通》节目内容的重要组成部分。听众通过手机短信实现与主持人及节目的实时互动。手机短信成为节目为听众服务、实现节目社会服务功能的信息源。手机短信使节目的娱乐化、趣味性得到了提升。

一、手机短信对广播节目的影响

手机短信对广播节目最大的贡献是:由主持人单向播出节目内容,变成主持人和听众自由的双向的交流。这种交流是一次广播节目传播方式的革命。它克服了热线电话交流的部分缺点。

中国通信行业世界领先的发展地位为更多的受众通过手机参与节目提供了可能。原信息产业部官网发布的《2008 年 1 月全国通信行业运行状况分析》显示,2008 年 1 月,我国手机用户新增 848.3 万户,手机用户总量达 55576.9 万户。当前一、二线城市场的手机用户数量已经接近饱和,今后手机用户数量的主要增长点将在三、四线城市及新兴的农村市场。另外,原信息产业部统计显示,截至2007年12月,中国手机短信发送量达到5921亿条,同比增长37.8%。据某调查公司统计:我国约有6亿以上受众收听广播,约60%以上的受众在城市。他们都有可能成为节目的参与者。北京交通广播2007年收到的听众短信数是210万条(中国移动、联通、小灵通),60余万个不同的号码。

广播的听众可以通过手机短信参与节目,实现个体传播。广播的社会公共空间让渡于个人空间。广播节目实现"人"的回归,由收音机向听众播音转变为人与人及人群的交流。

二、手机短信传播的特点

手机短信作为信息传播的载体,具有以下特点。

(一)即时性

传统媒体的信息在到达受众之前,一般要经过采访、写作、编排、编辑、发行和播放等多个环节,这就大大降低了信息的时效性。短信可以在新闻事件发生的第一时间将信息传达给受众,媒体也可以通过短信渠道了解到最新的新闻线索,所以短信的即时性较强。

(二)定向性

定向性就是短信发送者的目标受众是确定的,无论是手机用户之间的互发短信,还是短信运营商向公众发布短信新闻或广告,他们信息的接收者都是确定的。

（三）互动性

互动性是短信最核心的特点，短信实现了用户互动的广泛性，与接电话不同，用户可以同时与多人进行短信互动，不会出现“占线”现象，而且这些短信信息相互独立，互不干扰。广播电台中短信参与就是利用了短信互动性强的特点，使主持人和听众紧密联系在一起，同时并不影响听众正常的信息获取。

（四）文字信息更适合心理表述

我们都有这样的感受，有些话语是不能通过打电话的方式表达的，而采用短信的文字信息更有利于我们的心理表述，例如有些平时不能用语言表达的隐私问题，用短信来表述可以使我们减少心理压力，从而促成更深层次的互动。

（五）强制性

到目前为止，传统的四大媒体提供新闻的方式都是“我提供新闻，你自由选择”。受众翻阅报纸选择自己想要看的新闻内容；广播、电视的受众则按着控制器来选择自己喜爱的节目。而手机短信信息则具有强制性，用户接收短信完全是被动的，不管你对短信的内容是否感兴趣，好奇心总会促使你打开并阅读信息。这就是短信所独具的强制性。

（六）安全性

短信这种新型的互动方式，是一种来自听众的文字信息通过主持人的把关筛选之后成为节目的生动元素。在广播节目的播出阶段，通过短信征集听众的观点，比电话连线更具有播出安全性。

三、手机短信在广播互动中信息传播的流程

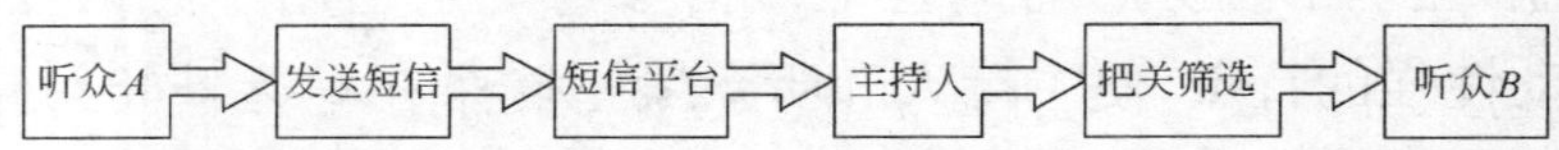

听众 A 对广播节目中感兴趣的内容（话题）作出反应，并把自己的观点和理解编辑成短信发送到信息平台。信息平台再将短信发送到广播电台，由主持人进行把关筛选之后，将筛选出的内容在节目中播出，把信息传递给听众 B（听众 A 和听众 B 为不确定的交集），听众的短信成为节目播出的内容，听众的观点有可能成为公众讨论的议题。听众 B 如果根据自己的观点再发送短信到节目中，主持人经过把关筛选再把听众 B 的观点作为节目内容播出，依次循环。

在这一过程中，我们发现传统传播学的二次传播理论已经被扩展到 N 次；在每次的传播循环中，议程设置也在发生着或大或小的变化；听众由一个被动的信息接受者变为既是信息接受者又是信息的制造者、发布者。上述这些现象对传统的传播学理论提出挑战，同时为传播学的理论创新提供了空间。

四、《一路畅通》节目中手机短信的分类

下表是北京交通广播一次《一路畅通》节目在固定时

间内对不同短信类型统计的结果（2007 年）：

日期	10 月 10 日	9 月 10 日	8 月 10 日	7 月 10 日	6 月 10 日	5 月 10 日
报路况	66	98	89	140	116	295
问路	28	22	45	19	26	29
答题	1 136	510	549	372	1 591	289
参与节目	2 588	2 780	2 580	1 740	2 121	3 239
总计	3 852	3 450	3 287	2 310	3 880	3 852

从此表可以看出，按短信量从多到少进行排列：

1）在每次节目中，听众通过短信参与节目的短信量是最大的。

2）其次，主要通过发送短信答题。

3）第三，通过发送短信来报路况的。

4）第四，通过发送短信来问路的。

五、手机短信在《一路畅通》节目中进行话题互动的具体操作

《一路畅通》是北京广播媒体中引入短信的第一个互动节目。最初的功能是点歌、猜题，后来就有了问路的、求助的、发表言论的、反映问题的、说事的，这些功能在今天还都在延续着。2004 年正式开始，短信互动有了一个必须的任务：话题互动，听众发短信的目的性就更强了。

话题具有吸引力，听众发送短信参与话题，就像让听众做三五句话的小短文（袖珍作文）。短文的特点是精致、幽默、真实、生活性强，特别有情景感，加上主持人绘声绘色

的解读，如入奇境一般的体会，成百上千人的经历和情感，或动情、或搞笑、或无奈、或洋洋得意，也是一件妙事。

通过短信，为听众提供一个倾诉的空间，建立良好的生活理念、生活秩序，提高生活质量，重塑听众的生活感受，展现听众生活、市井万象。短信可以体现大家帮助大家的人文精神，这种人文关怀既是利他的行为也是利己的行动。短信可以在第一时间里表达某种情绪抒发某种感情，帮助大家获得健康心态。

（一）短信的选择

就目前的中国传播市场来说，广播的最大优势是操作起来的便捷性，拿起电话就可以让听众听见专家的声音、世界的声音、自己的声音（用短信的方式）。想通过这个渠道发言的当然很多，《一路畅通》两个小时的短信会有一两千条。

短信选择的方向是主持人的思维方式的体现。主持人选择认为有编辑、发布价值的、有普遍性、典型性的短信放入短信播出平台的编辑栏。作为主持人，如何选择短信呢？

1. 学会放弃，不入禁区

市场营销的第一策略是放弃。在《一路畅通》节目里，放弃部分短信的选择也是必须的。（直播注意事项：为突发事件放弃精彩内容、为路况信息放弃广告播出。这是一种态度：为社会负责、为听众负责的媒体态度。）

短信选择有一个禁区，凡是主持人说不清楚的问题

都是禁区。比如说，主持人指不清的路，答不了的题，断不清的官司以及一切与和谐相悖的内容。

2. 心中有数，把握主动

在选择短信时，主持人要心中有数，嘴上有度。主持人具有社会形象，对于听众短信，一定要时刻把握主动权，在设定的一个水平线上选取和还原短信内容，举重若轻，举轻若重。主持人影响听众对节目的印象，带给听众冲击和刺激，让节目具有强烈的感染力，最高境界是返朴归真，原生态的东西。

3. 思路清晰，风格统一

如何选短信能使短信再升温？那一定是引发大家讨论和思考的内容。主持人以最大的真诚回应参与者，提升短信的价值。如有需要，短信内容可以多次使用。每一条短信都有它的倾向性，节目的风格、主持人的风格和选择短信的风格要尽量统一。

（二）短信的播出

广播作为非视觉媒体，纯声音传播的优势在短信发布时得以充分体现。不仅可以最大限度地还原接收到的信息内容，还可以利用主持人的个性发布方法扩大这种影响，产生无限的联想效果。

1. 精彩演绎，还原生活

这不是仅对信息消化之后的介绍和复述，更是要对信息加工演绎才会有戏剧效果，才不会产生听觉疲劳。

主持人用自己的语言读出听众的短信，不仅是听众生活状态的一种还原，还用声音描绘了一幅很有张力的画，使听众在自己的大脑中接收再绘制。主持人是从事什么职业的？是要抓住听众的耳朵的。主持人的观察力要强，把画家的才能应用到生活中来，为人们的生活服务。有听众曾说："王佳一念短信已经形成独有的风格：说到老人变老妪、说到孩子变童声"。有专家说主持人的语言应该向戏剧性靠拢，我理解他说的应该是语言的丰富、生动，但绝不是拿腔做调。对于《一路畅通》来说，新闻和资讯的播报是不可能这样的，但是当我们运用自己的声音和情感还原听众的短信时却可以发扬这一点。同时，我们在丰富节目内容、讲述故事、朗诵诗歌的时候亦然。

但也要根据题材的不同来决定是否还原。有一次就非常不恰当：在讲述一个非常悲伤的故事时，我学了童声。李秀磊副台长就说，在那种情况下这种还原方式就不恰当，会让听众怀疑主持人是否在抒发真情实感。

2. 二度创作，善待生活

雕塑者用叹息去表现哀号是为了让情绪得以表达又不失美感。我们在发布短信的时候也要避免过于直白地展现丑陋，那会让人情绪恶劣。有些短信内容是非常好的，但用词非常尖锐，会刺激一些听众、破坏和谐的气氛，我们就要适当修改，使它变得既有责任感又幽默、温和，减少或避免不协调的因素。

3. 有所保留，写意生活

在直播过程中，我们和听众有着共同的节奏，甚至是

共同的思考。这个时候的听众理解能力是超强的。主持人的一个语调、一种笑声、一次延长、一个停顿，甚至潜台词听众都能接收到和理解到。在北京残奥会期间，说到5人制盲人足球，中国队的成绩是第二名。报上的用词是有些遗憾，但我非常坚定地说道："我们知足！巴西队的主教练说，他们有着20年的发展过程才取得了冠军，而我们只用两年的时间就得到了亚军。我们的5人制盲人足球比那什么，啊？"说到这，听众的短信就已经上来了："向盲人球员致敬！他们比那什么强多了。"

4. 适当存货，升华生活

"一朵娇嫩的花从黑色的泥土中挥出橘色的头，那就是某某某的短信。听到今天的话题，手机尾号是××的朋友眉头轻轻地颤抖，那种愤怒很细微但很平凡，慢慢地结成团扩散到眉梢、嘴角直到手边。他拿出手机勇敢地发出了下面的信息。"以上的部分内容是我读到的一篇文章中对愤怒的描写，想到在节目的直播过程当中，一定有些短信是带着愤怒的情绪的，我就把这段文字记录下来，在恰当的时候念出来。

"爱就是人间最纯洁的和解，关心他的人请后退一步，给神圣的短信让出一条路。"这都是我在读一些书当中摘录的诗歌，但是把它改编成与我的话题短信有关的内容来引导出听众写的短信。

用生动的语言引导听众的短信出场，让听众觉得很有诗意。发信人自己也突然间觉得自己的创作更美好了，自己变得更洒脱了。这也会让其他的人更有参与的愿望。

5.好戏在后头,好"信"也要储备着

一些短信是可以递进的,留着先不说,有用时再说,最不好的结果是好东西留着最后没时间说。精采短信,如彩虹般美丽和丰富。短信可以让主持人和听众在最短的时间内走进对方的心灵,采用联想短信法,用语言制造画面感,但是要放得出去收得回来。

(三)短信的评论

主持人对于短信的点评是很重要的。直播时播出和评论短信给人以期待,也是两个主持人展现集体智慧的重要环节。主持人由听众的短信所引发出来的发散性思维在一路畅通当中非常必要。这也是通过听众短信了解到更多生活画面而凝聚成生活智慧的一种过程。

1.制造美好,平和心态很重要

赞美真善美,抨击不良的行为和心理,是我们进行短信评论最根本的方向。

2.积极健康,不良心态一扫光

面对消极的短信,要从积极心理的角度出发。虽然改变不了客观,但可以改变人们对事情的认识,包括爱情,落点要大气。社会学中有"社会安全阀"的提法,我们在面对不良情绪的时候,就有了一个开阀的作用。

3.情绪引导,平日积累派上场

有的时候,可以用一些名人的励志故事来劝导发来短信诉说自己苦恼的人。这也有赖于平时的积累:"我在

我的笔记本上记录着：我的手指还能活动，我的大脑还能思维，我有终生追求的理想，我有爱我和我爱着的朋友与亲人，对了，我还有一颗感恩的心。这段豁达的文字出自一位在轮椅上生活了 30 多年的高位截瘫人士——霍金。所以直播间里的主持人王佳一觉得自己很富有，觉得自己很幸福，您呢？收音机前亲爱的朋友，您，如果也有快乐的理由，那就请让您的嘴角向上一翘迎接这美好而灿烂的一天吧。”

另外，在评论短信时，恰当的议论和提醒是必不可少的，但切忌条条议论，人人提醒。

（四）短信与短信之间的过渡

主持人在运用听众短信时所起到的作用应该是活跃气氛、调节平衡、评论升华。有一次，中央电视台的白岩松在就某一期节目进行听评的时候说：“对于听众的短信先要准备一些内容热起动。中间要有良好的选择，以选择见长，不以评论见长。在接近尾声的时候，总结并用经典的点评来升华短信。”这一点对于 2007 年以后的我们的短信编辑平台来说还是有了实现的可能，因为可以在平台上进行编辑。

如果主持人能够在两条或几条短信之间适当地加上一些评论，也会让听众更细致更深入地品味生活。比如说，在一对夫妻诉说了自己恋爱的艰苦过程之后，我写了下面这段评论：

王佳一：古人说，风恬浪静中，见人生之真境，我想这平静应该是在经历过疾风苦雨掀起的风浪之后。

顾峰:心智已经得到磨炼,经验已经渐渐获取。

王佳一:也因为增长了见识而增厚了品德。

顾峰:风雨之后见彩虹,希望每位朋友都用宽容、责任感去消融冰雪。

王佳一:我们衷心地祝福这一对恋人也能用宽容、用爱、用坚强去制造晴空。

顾峰:再多一些小心吧,再多一些责任感吧。

(说到这儿,我们把这种情绪要用下面的话转向下面要说的短信当中去。)

王佳一:在驾校的时候更认真些吧,在行驶前再多做些准备吧。

顾峰:要做到忙乱之时不慌神就必须在平日里培养自己清醒的理智。

王佳一:所谓忙处不乱性,须闲处心神养得清。

后面这段话是用了菜根谭中的一些说法,我有时会读一些这类的书籍,并把自己非常认可的哲学思想记录到自己的笔记本上。在节目当中的某种情绪恰好贴合这种说法的时候,恰当改写并引用出来。还有许多古人的话能够帮助我们找到生活的一种平静的状态,比如说:此心常看得圆满,天下自无缺陷之世界,此心常放得宽平,天下自无险策之人情。这几句话是我解读听众短信的一个原则。所以很多人说我的节目听起来过瘾,因为我与听众交往总是带三分侠气,更存着一点素心。

第六章　采访在《一路畅通》节目中的作用

对这个世界有越多的了解就会对它有越少的冒犯，于是就更有可能让自己成为世界的朋友。

一、主持人外出采访的必要性和重要性

梁启超抨击“闭门而造，信口以谈”。主持人眼界的开阔、见解的形成、谈话的深度、语言的生动同样取决于对于所谈话题的感受、理解、知识储备的程度。我们不能够面面俱到、不能够行行钻研，但可以利用专家的、从业者的、参与者的感受和体会来丰富节目的内容、增加节目的深度、提高节目的影响力。

直播节目主持人在节目中观点的流露可以是自然随意的，但是是有影响力的。从职业伦理的角度讲，我们要公而忘私，但也不可避免地带着些倾向性。这就要求我们不断提高自己的修养，更要博采众长以避免一己之偏颇。走到社会中向大众学习，走到话题的中心去了解实情，走到劳动的一线去发现美丽，可以帮助我们有更真实

的感受，有更自然的流露，有更客观的认识。

另外，主持人深入实践是补充自己的创造力、增长见识、丰富内容、提高语言表现力的致胜法宝。

记得有一次去朝阳区东外交通队采访，看到在他们的办公区有这样一幅对联："风雨炼丹心，霜雪铸铁骨。"这两句话非常形象而深刻地写出了指挥交通的一线民警们对自己工作的认识和态度。不深入到警队当中如何能够理解呢？那一次的采访是东外队集中处理客运违章执法会。与几家公交公司的大公共汽车的司乘人员坐在一起谈心访问，我了解到了在路上参与交通的一个重要群体的生活和工作状态。这也为在节目当中针对不理解、不接受有些大客司机的驾驶特点和行为的不良情绪进行疏导奠定了基础，也能够向听众展现他们为创造和谐的交通环境所做出的努力。能够认识到其他人的努力是让许多听众放平心态的一个非常好的手段。大公共汽车司机们给了我的听众四句话：车辆进站要看清，提前并线顺序行，依次进站靠边停，顺序进站不抢行。

二、采访的分类与功能

（一）走在路上，指导出行，为人民服务

从 2002 年的《动感北京》开播，我就开始探讨主持人外出采访会给节目带来怎样的影响，并进行实践。带着原来做电视的底子，我先尝试了一次情景剧一样的服务性质的录音采访：《明明白白补检去》。内容是关于机动

车逾期补检的，采用了主持人亲自走检车线，边走边互动的形式：

王佳一：明明白白检车去。

小艾（北京市公安交通管理局的艾焱警官）：明明白白补检去。我现在越来越觉得像体检了，拿着一个表到处跑。

王佳一：对，好在我们现在已经来到了外观的检测线上，外观有几步检查呀？

警官：第一步是先登记，查询一下登记表还有行驶证、保险单、养路费、车船税这些东西，查完以后先看车，对车架号、发动机号、车的外观和行驶证是不是相符，还有刹车灯、照明等是不是齐全？是不是配备有效的灭火器？是不是有什么改装？第二步看一看您的灯光，转向灯、刹车灯、牌照灯还有视宽灯，主要看这些东西灯泡有没有不亮的。我们还要看一眼您的安全带是否有效，前大灯这个远光强度角度需要上线检测了。

王佳一：您看这辆，京 A×××××正在那儿原地转向呢，刚才那个检测项目叫做什么？

警官：正在试他的方向盘，转向能力，已经出问题了，转向的助力液压油已经漏了。

王佳一：我说的呢，这么一辆进口车五大三粗的一个男子汉打轮这么费劲看来是出了问题，得去修理了是吧？

警官：对，他得去重新把那个泵的管儿给接好，然后再加一些液压的助力油。

王佳一：真是的，存在这么多隐患，要是不来一次检测线他准懒得去修，能开就凑合开。

警官：一般他自己觉得车好，不会出什么问题。只有经过我们这专业检测没准能发现什么问题了，这不就出来了吗？

小艾：像他刚才那毛病要是在路上走的话会出什么问题呢？

警官：方向不会失灵，但是属于助力特别沉。

王佳一：一旦有紧急情况转向就比较缓慢，容易发生碰撞。

警官：对，没错。

王佳一：好的，接着往前走了。

小艾：要不要给他点首歌呀？

王佳一：京A×××××赶紧修好车，晚上送您歌。好嘞，我们下一项该进入的是？

警官：上线检测，上线之前先把车辆的信息输入到电脑里，现在开始车速检测。

王佳一：上线检测第一项——测速度。

警官：有屏幕显示，如果合格他会说车速检验合格。

王佳一：向前行驶？

警官：对，向前行驶，进入下一个工位，是测车辆的着重。

小艾：流程这么一走，是不是咱们在屋子里面的机器里全能看到？

警官：对，我们检测厂有监控室，几个屏幕随时可以看到车辆检验的情况。

小艾：好。

警官：现在检测的是车辆的制动。

王佳一：放松助车装置，也就是放开制动？是吧？

警官：对，助车装置是指车辆的手刹，检验手刹这个力度是不是够。现在这辆车手刹是不合格的，屏幕已经显示了，力度达不到国家标准要求。

小艾：放开制动踏板。

王佳一：放开然后缓踏，他指的缓踏是怎么个操作方法呢？使用几秒钟的时间算作是缓踏呢？

（问题抛出，请听众发短信回答，插播歌曲。歌曲后公布正确答案）

王佳一：下面我们就公布正确答案。

警官：缓踏就是从刹车踏板起点到终点需要9秒的时间，就是说你不能一下急刹车，是需要一段时间的，通过一段时间把制动力达到最大。

小艾：那大镜子是干嘛的呀？

警官：那个镜子是为了方便上线实际掌握自己车的位置，看一眼。

小艾：这是第三步。

王佳一：这是检查光的吧？

警官：对，这是检查车辆远光的发光强度和近光的角度。

王佳一：现在是左灯检查。

警官：这辆车发光强度够，但车辆的照射角度是不合格的，需要调试。

王佳一：这些是检测底盘的？

警官：这个工位是检查车辆底盘的工位，车辆通过的时候停顿一下，底下有工作人员检查一下底盘的情况，经常从这块发现好多隐患的问题，大梁断裂、车架腐蚀、比较严重的通过这块儿能检查出来。包括它的刹车分泵漏油，转向臂断裂等都可以检查出来。

王佳一：真是的，就象医生看病人似的告诉您哪有什么什么问题，您赶紧去修理一下治疗一下这样不就健康、安全了吗？

小艾：对，到了出口了，是可以拿结果了是不是？

警官：对。

王佳一：打单子就是合格不合格都打出来是吗？

警官:对。

王佳一:咱们前制动不合格得去检修是吧?

警官:特别严重的需要检修,如果说差的数据不是特别多可以通过路试,要是车辆没有问题也可以判定为合格,如果差值特别大就需要车辆调修以后重新上线检测,您这个车前轮制动力是59,其他的后轴包括前轮后轮的差值是没问题的。

王佳一:那咱们再去试试?

小艾:在哪路试?就是要开车就踩一踩刹车,加速一下?

王佳一:现在我们的车辆已经通过检测人员的路面驾驶,试了一下,制动合格了。

小艾:咱们现在就可以进大厅了。

王佳一:又该温暖如春了。优质检测、优质服务,我们又回到了检测大厅,那接下来要办理的是总检和结账是吗?

警官:对,车辆检测完了以后由总检把一下关,检查一下您的检测项目是不是每一项都合格了,如果合格了签一下字以后把验车的费用结一下,您就可以到民警处去领取检字了。

王佳一:我想问一下,刚才我们是制动系统有一点小小的问题,然后又通过了路面的检测,如果其他有问题的话他们是不是还得把自己的故障维修好了才能再回到总检呢?

警官:对,全部的项目检测完了以后到总检这儿来,总检把一下关。

王佳一:如果他要是去汽车修理厂去修理的话需要好几天,这有没有期限?

警官:应该是在一个年检周期内都是有效的。

王佳一:总检又重新核对了一下驾驶证、行驶证,各种证件和车辆的一些手续。

警官:总检对您车主填的表外观记录单核对一下,核对无误看

您各项是不是确实检测合格了,合格了以后就在年检表上签字。

小艾:现在总检正在签字,然后咱们就该交钱结账了。

(这个时候,采访了一下同样来验车的市民)

王佳一:小艾,在哪儿都有邻居,检车都有邻居,这个车哪年的?

司机:96 年。

王佳一:有什么不合格的项目?

司机:主要就是灯光。

王佳一:怎么不合格?

司机:灯光亮度不够。

王佳一:车号是多少?

司机:京 CV××××。

王佳一:不想在过年的时候送给亲人一份祝福吗?

司机:也希望大家在新年的时候开车要多注意安全,给家人留一个好的祝福吧。

小艾:祝您春节快乐。

警官:现在总检签完字结完帐以后车主拿着年检表、外观单到 5 号窗口让民警签字,民警最后把一下关,就发检字了。

王佳一:发检字是在几号窗口?

警官:4 号。

王佳一:4 号是开始也是结束啊。浅灰色的检字表是 2003 年的检字,我们拿到之后就要去?

警官:去环保处领取环保标志。

王佳一:然后就结束了整个的流程对吗?

警官:结束了,您最后拿到的一是车管所发给您的检验合格证,第二就是环保局发给您的绿色环保标志这两个证,贴在风挡右上角。

王佳一：好，最后我们手里拿着这个灰色的年检标志还有一个环保标志那今天我们检测就结束了，我们也谢谢赵警官全程帮我们去解读和说明，谢谢。

警官：大家再见。

王佳一：别再见呀。

王佳一：刚才我们跟着赵警官走了一圈，进行了一次补检的尝试，也是为了大家能够心知肚明，知道检测到底是一个怎么的流程，也是为了大家能够方便快捷地去检测。

小艾：咱们往年司机要是补检一般一二月份就可以，好象过去没有这么多，今年有19家检测厂？

警官：往年确实没几家，对一些因为特殊原因不能按期参加定期检验的车辆进行补检，今年北京市放了19家检测厂，出于两个方面考虑，一方面主要是为了方便群众，再有2003年1月1号北京市公安局公安交通管理局发布了一个通告，在这里面就规定了对于逾期未参加机动车定期检验的机动车所有人应当在通告发布之日起30日内，按照规定到本市的机动车检测厂检验机动车，对于长期不参加机动车定期检验的机动车视为灭失，车辆管理所将依法注销机动车档案。再有，公安交通管理机关将基础路检路查，凡是发现报废机动车上道路行驶或者不按规定参加机动车定期检验的，按照国家以及本市的道路交通法规予以处罚，发生交通事故的还要依法追究法律的责任。

王佳一：遍布全市的19家检测厂现在都等着那些长期或者说是一段时期内没进行年检的，给大伙儿一次机会，也是给大伙儿一个提醒是不是？

小艾：对，就是说您要是还没有年检的话您现在赶紧去补检去。

王佳一：我刚才在路上还跟小艾说呢，我前些日子体检发现自

己胆固醇偏高，其实想也想不到，还有很多自己身体的毛病也要通过检查才知道，车也一样，有的时候自己发现不了。

小艾：平时就是说咱们检测厂检测的车辆当中特别容易发现的一些问题是什么？车辆特别容易出现的问题？

警官：应该说需要提醒咱们参检的车主，在验车之前应该对车辆进行保养维修，容易出现的问题应该每个车跟每个车不一样，主要的问题应该是车辆的制动系统、灯光的发光强度和照射角度。

小艾：这三方面特别容易出现问题，所以在验车之前也要检查检查这三方面有没有出现故障？

警官：因为灯光的发光强度，亮不亮你都能感觉到还有照射角度是是不是斜？高低都能检查到。

王佳一：刚才交了 200 元钱罚款，因为是补检嘛，这个罚款是怎么样规定的呢？

警官：依据市政府九号令第五章第 29 条的规定，对于这些逾期没有检验的机动车来补检的时候要处以 200 元以上 1 000 以下罚款，对有些车辆还要暂扣号码检验合格以后再发还。

王佳一：春节马上就要到了，又新增了这么多一二月份，工作的检测厂，大家工作强度是不断在增加，觉得咱们应该向他们致以新年的问候，祝大家羊年喜洋洋，经常用这词是不是？那您也说说吧。

警官：在这里也代表车管所机动车管理科的全体干警，向北京的市民拜个年，祝大家新年愉快身体健康万事如意！

王佳一：谢谢。

这个时间偏长的采访在播出的时候是分为 4 个部分的，并且每一段结束的时候都有和听众的互动问题，问答

之间用歌曲或曲艺作品过渡。但对于大信息量、快节奏的《一路畅通来》讲，即便是切割成3～5分钟的小段还是会跟不上直播时的节奏，于是采访的侧重及方式都有调整：问题要小，短时间解决实际行车问题。

如："什刹海行车法"的采访：

王佳一：接下来，我们请西四队一警区的副警长林河警官给我们介绍一下什刹海地区的交通状况，就以银锭桥为目的地，我们分别从平安大街的什刹海体校入口，德胜门内大街的定府街入口，还有德胜门内大街的滨海胡同入口以及地安门商场入口来到达银锭桥，我们得怎么走？

林河：大家好，从什刹海体校右转弯向北驶入到前海西街，大家如果是白天的话可以从前海西街右转走前海北沿，一直顺着河边走就可以到达银锭桥，大家一定要注意这里下午四点到晚上十二点禁止右转弯，只能白天走，晚上不能走。再有一条线路就是从铁道口进入前海西街左转弯一直走到柳荫街，柳荫街向北顶到头右转弯到达后海南沿，顺着后海南沿一直向东走就可以到达银锭桥，大家记住这条线路是一个单行线。

王佳一：只能是由西向东方向行驶。这我们已经顺利地从两条线路到达了银锭桥，就是白天下午四点以前我们可以在什刹海体校右转弯之后走前海西沿到前海北沿到达银锭桥，但是下午四点以后到夜里十二点这都是禁行的，您可千万要注意了。另外一条就是到了什刹海体校向北行驶之后到了路口左转弯到前海西街再向北走柳荫街到后海南沿一直向东走到达银锭桥。我们已经从什刹海体校成功地到达了银锭桥。接下来我们要从平安大街的厂桥路口去银锭桥了，请林警官做个介绍。

林河:大家走到厂桥路口可以向北走德内大街,往北第一个红绿灯向东就叫定府街,一直走可以到达柳荫街,从定府街到达柳荫街左转弯向北经后海南沿也可以直接到达银锭桥。

王佳一:这就是和什刹海体校的第二条线路到柳荫街之后就可以汇成一条线了,但是如果这样走的话可能有人会跟你抢地方,咱们选择另外一条路?

林河:再有大家从德胜门过来由北向南往南边有一个滨海胡同,从滨海胡同进去穿过来就是后海北沿,顺着后海北沿一直向东走就可以一直可以到达银锭桥了。

王佳一:好,我们已经从德胜门桥向南方向到滨海胡同,再向东走后海北沿就到了银锭桥。接下来我们要从地安门百货走向银锭桥,可能很多听众朋友会说,太简单了,到了地安门百货之后向西走,然后直接右转弯,再一左转弯不就到了吗?

林河:这点请广大的游客注意,从地安门商场向西走进到前海东沿,这条街是单行线,只允许由北向南行驶,不允许由南向北行驶,这点儿禁止右转弯有单行线标志,大家如果到了这里可以就近把车停到地安门百货商场后面有一个地下停车场,把车停到那,下来向北步行三分钟即可到达银锭桥。

王佳一:如果必须开着车呢?走到地百门口,然后向南直行到地安门再从什刹海那儿走?

林河:如果大家必须要开车过去我劝大家就不要选择从地百商场那儿进去,咱们走体校口进去,从地百商场那儿进去只能左转弯,左转弯向南走前海东沿到前海南沿您还是要回到平安大街走到体校口进去。

王佳一:如果地面上有停车位的话挺好的,如果没有的话这个路还是要绕的。

这是一个非常实用的服务信息采集，在下午的节目当中播出后就对晚间什刹海地区的停车管理起到了作用。另外，还有一组采访是针对北京的五环路各个桥区进出方法的：

王佳一：欢迎大家继续收听《一路畅通》，现在在王佳一身边的是朝阳支队劲松队三警区的警长宋学岭警官，你好。

宋学岭：你好。

王佳一：今天我来到劲松队的目的就是和大家一块儿了解劲松队管界的五环路的一些桥区的走法，从五元桥到大羊坊桥。带你走五环，接下来我们走进的是姚家园桥区。首先，我们说从城里面怎么上姚家园桥呢？

宋学岭：从朝阳公园桥走姚家园路向东到姚家园桥区的时候有一个出口，这个出口上五环路只能上南五环京津塘方向，向北是不能去的，因为左侧那个进口还没有修好。

王佳一：如果非得上北五环呢？

宋学岭：那只能到南边的远通桥或者是五方桥掉头。

王佳一：那好，接下来我们说说从姚家园桥怎么下桥，首先是北向南方向？

宋学岭：北向南姚家园只有一个，出去以后也是只有一个方向只能去四环路进城方向，要想出城得到前方红绿灯掉头。

王佳一：接下来是南向北方向，怎么下姚家园桥呢？

宋学岭：姚家园桥南向北出口有一个出口，出去以后只能向西也就是进城方向走姚家园路，往东那个出口的桥修了一半还没修通。

王佳一：好的，谢谢宋警官的提醒。

针对五环路的这组采访的篇幅就与《一路畅通》的节奏非常吻合，当然反应也非常良好。

（二）深入实地，现场直播，生动而精彩

上面说到的是主持人到现场录音后做成录音报道的采访形式。下面说说我的另一个尝试。

内容决定形式。2007 年 4 月，北京市的驾驶员考试办法做了一些小小的调整，重新恢复了驾驶员考试中实际路面考试的内容。我三次去京南车管所及东方时尚驾校进行采访，并在 3 月底的一次节目中进行了一次场内外的电话连线直播活动。

我在实际道路考试的线路上作为场外主持，分时段、分内容地和场内主持进行电话连线，介绍了实际路面考试的规则；驾校如何落实考试的教学内容以及学员上路练习的过程和心得体会；最后，又加入了对跟在学习驾驶员车后行驶的老司机的采访，以提醒社会车辆在跟这些练习车辆行走时候的注意事项。丰富而全面地让新、老司机了解了考试办法变更之后我们应该怎样在心理上和实际道路行驶上去应对这种变化。在第二周，我们又和大家共同交流的一个话题是“我的考本经历”，让大家回忆自己在考得驾驶资格的过程里的所学所思所想，以及考本过程中发生的故事。

除了交通方面的内容，我也在用我的采访机为我的听众打开更多扇窗，观赏到更多的风景。

(三)博采众长,充实节目,为我所用

个人的智慧是小智慧,大智慧来自于民间,人民是智慧的源泉。

整合各个领域的资源,让各行各业的专家用他们的思考碰撞听众的感觉。通过采访,可以改变主持人知识结构和丰富认知层面,进行跨领域的认知。知识结构更新了,语言就新了,听众的感觉就新了,这是有益于节目的。

下面来看看 2007 年 5 月 18 日博物馆日之前,我对北京文物局领导的采访:

王佳一:下面我们请出北京市文物局的副局长崔国民同志给我们出题。

崔国民:现代人使用冰箱等设备进行保鲜或者冰镇食物,现在已经非常普遍了。但是在清代皇宫和官府中也常常在夏日里保鲜肉类或者冰镇可口的一些食物,请问各位听众知道古人是如何做到的吗?

王佳一:问题是古人用什么办法在夏日里给一些食物或者是其它的东西保鲜,制造一种凉爽的感觉,您得给我们几个选择。

崔国民:有三个选择,第一个是放置在通风阴凉处;第二个是建造冰窖储存冰块;第三是从北方寒冷的地带运送冰块。

(听歌曲,听众发短信参与节目互动。)

王佳一:下面我们请崔局长公布一下正确答案?

崔国民:正确答案是建造冰窖储存冰块。冰在古代是炎炎夏

日里头难得的奢侈品。为了储存冰块，古人通过挖地建造冰窖来储藏冰块。据《大清会典》记载，清朝在京城共分为 4 处，设冰窖 18 座，统由工部督水司来掌管，一共是储冰 20 万余块，每块冰一尺五寸见方，重量大约在 80 公斤。每年河湖封冻之前，工部都派人先清理河道的一些杂物，开闸放水冲刷，在关闭下游的闸门来蓄水。冬至后半个月开始，再派采冰的差役在故宫的护城河、北海、御河等处采冰，人手不足还要加雇短工。一个冬季可以重复采冰三茬到四茬，采来的冰由工人运送到冰窖，码放整齐然后封上门，等到夏天的时候取用。清朝对供冰的时间也是有严格的规定的，从阴历的五月初一开始一直到七月三十结束。

奥运期间，我们的采访内容也做了相应调整，通过专家的介绍让听众了解更多的与奥运相应的知识。以下是对原北京市文物局博物馆处副处长高小龙的采访。

高小龙：各位听众大家好，伴随着奥运会的临近，中国印也为中国人民和世界人民所熟悉和喜爱，其实印章早在四五千年前就在中国出现了，而且至今仍是诚信和责任的象征。中国有句古话，叫“士凭文书、官凭印”。它的意思是说老百姓是靠契约文书来证明自己的诚信和责任，那么政府和官员就是靠印章来证明。所以，咱们的中国印也是表现咱们对奥组委、对全世界人民的一个诚信和责任。中国印章分为阴文和阳文两种。我想今天问问各位听众，中国印是阴文的还是阳文的？

（听歌曲，听众短信互动，之后公布正确答案。）

高小龙：中国印是阴文的，所谓阴文就是它表现它的符号和内容的这方面是凹进去的，印出来的是白色的，四周是红色的。如果是阳文，比如咱们私人印章的文字和你这个符号那都是凸出来的。

王佳一：中国印现在是非常非常有名气，响彻海内外。中国自古以来有很多很多印章都是很多人追捧或者是失去生命也要得到的，因为它代表着权利。

高小龙：对，中国最有名的、大家都知道那个故事就是和氏璧的故事。各国为了争夺它出现了无数次战争，最后秦始皇统一中国就用和氏璧做成了玉玺，写上“受命于天、既寿永昌”，意思是他这个皇帝是老天爷给的，而且是永远昌盛。而且这个印每朝每代都成为夺取的一个至宝，打下江山来了先要找这个印。一直到唐末的时期，玉玺还保存在皇宫里面，但是由于战乱，当时有个皇妃抱着这个印就跳井了，最后也没有打捞上来，所以中国用和氏璧做的玉玺从此失传于世界。但是，后来的皇帝为了证明自己也是受命于天的，就不断地刻玉玺不断地刻“受命于天”，材质上也比较丰富了，有金的、有玉的。现在在故宫、首都博物馆、北京艺术博物馆大家还能看到很多官印还有玉玺，这些文物也欢迎大家去参观。

除了文化知识的丰富，采访的内容还可以教给我们一些生活常识，下面是我在消防局的采访：

赵子新：听众朋友们大家好，我是北京市公安局消防局局长赵子新，希望大家通过今天的节目对消防有一个大概的了解，在实践中增强我们的防范能力，真正做到防患于未然。人人用火用电，家家要注意防火，人人要注意安全，通过我们每个人的努力为平安奥运创造一份有利的和谐的环境，为和谐首都做出我们各自的贡献。

张九强：我是北京市消防局政委张九强。

王佳一：张政委，今天下午我们这期节目的名字叫消防安全公益广告，我们让大家伙把自己了解的安全知识编成公益广告发过来，您有没有什么相关的提示给我们呢？

张九强：佳一，比如我给你提个问题吧，在天气凉的时候，有些家庭都喜欢用电暖气取暖，在使用电暖气的时候应该注意什么呢？

王佳一：使用电暖气的时候别往上晾衣服。

张九强：你答对了，使用电暖气一个是不要长时间通电，不要往上面晾衣服，周围也不要有可燃物，在家里面离开人的时候一定要断电。我想请居民、广大听众都要时刻注意这点。另外，火灾预防是我们全社会全体听众的事情，我们大家都能够自觉地从身边做起预防火灾，我们这个社会才能够平安。

王佳一：谢谢张政委，今天又学了好几招，希望通过今天的节目大家收获多多，谢谢您。

王佳一：现在在王佳一身边的是北京消防局的副局长李晋同志。

李晋：人人注意安全，共保奥运平安。

王佳一：比如说现在我们进奥运场馆看比赛了，突然发现有地方冒烟了，我们应该怎么处理？

李晋：首先你得打119报警，第二你看能不能自己处置，比如说垃圾箱有冒烟的，你拿身边的矿泉水瓶就可以随时扑灭，还有配制在场馆周边的消防器材、灭火器、如果火着大的话还是要靠专业的消防队员。我们在场馆周边还有一些固定的消防设施，比如有消火栓，有过基本训练的同志还可以用。再有就是要注意疏散，比如说这是人员密集的场所，有各种疏散标志，一定要按照疏散标志的引导先老幼后壮年，有秩序地疏散，特别还要注意听事故的广播，按照广播的要求有顺序地疏散，不要发生拥挤、踩踏的事故。这样才能避免次生的灾害。

（四）丰富声音，点缀节目，开阔眼界

丰富的音响效果和声音元素是让听众拥有满足感的好手段，懂得这一点，我总是随身携带我的采访机，就连去鸟巢看奥运会的闭幕式也不例外。下面就是声音元素众多的几段采访：

王佳一：第 29 届奥运会承载着激情、梦想，平安顺利地结束了，刚刚结束的就是第 29 届奥林匹克运动会的闭幕式，接下来我采访一下观看完闭幕式之后的观众感想如何？

嘉宾：感觉很轻松很欢快，很热烈。

嘉宾：很开心，很壮观，很自豪。

嘉宾：太震撼了，我觉得中国人太伟大了，太棒了。

嘉宾：非常高兴。

嘉宾：兴奋。

嘉宾：精彩无比。

王佳一：这是对闭幕式的感觉，那整个 16 天的奥运赛事呢？

嘉宾：非常完美。

嘉宾：整个奥运会，我们中国人举办得太棒了，真是无与伦比。

王佳一：现在在王佳一身边的是这次奥运会的几位工作人员和几位志愿者，大家看闭幕式感觉如何？

嘉宾：闭幕式感觉太壮观了。

志愿者：感觉有一点伤感，因为陪伴我们这么多天的奥运会就要过去了。

王佳一：在闭幕式上，国际奥委会特意安排了一个向志愿者献花的环节，也是对大家工作的一种鼓励和激励，更是一种肯定。

志愿者：对这个环节我们都特别特别感动，确实这段时间志愿

者都在不停地努力，大家都想办好一届奥运会，这样一个环节让我们在思想上达成了共鸣，更加热爱我们的奥运会了。

王佳一：我们平安顺利完美的奥运会有你们非常大的功劳，谢谢你们了。

志愿者：我们也非常谢谢每一个为奥运会做出贡献的人。

王佳一：你自我介绍一下好吗？

志愿者：我是北大中文系07级的学生，名字我就不说了，大家都一样，真的想对我们所有在场的这些志愿者工作人员都说一声谢谢。

王佳一：你们辛苦了，谢谢你们。

王佳一：我现在所在的位置就是鸟巢的一个散场通道，人是非常多的，但是大家都非常地有秩序在排队，另外有些人在合影留念，能不能说一下今天在看这个闭幕式时，给您留下最深刻印象的环节呢？

嘉宾：太精采了，特别是最后的祥云往天空飞走的样子，我就看到是我们北京飞向了全世界，全世界的同志们都到我们北京来。

嘉宾：发奖的时候咱们给肯尼亚升国旗，我们全体都起立，包括希腊升国旗我们起立，后来英国要接伦敦的第30届奥运会咱们又是全体起立，那一刻我的想法就是非常自豪、非常高兴而且觉得非常庄严，觉得是一种人格的升华，就是那几次升不同国家的国旗，我印象特别深。

王佳一：哪个环节给你留下印象最深？

嘉宾：给我留下最深印象就是彩带飘起来，当时相当震撼，而且那个塔上的人跟火焰似的在动，对我震撼非常大，我觉得这就是奥林匹克圣火的精神吧，虽然熄灭了，但是我觉得在大家心里还是熊熊燃烧着，因为我是两届奥运会火炬手，04 年也是在北京传，今年也是，所以我还是比较关注圣火从点燃到熄灭的过程，我都非常关注。

（五）走入生活、加大信息，增强可听性

不仅要去处于关注中心点的鸟巢，我也经常在大学、中学、小学里采集让大家耳目一新的信息。以下是在北京西城区的育民小学和同学们说了说交通：

（背景音：大家跑上楼梯）

王佳一：你们刚才跑得太快了，我觉得你们都超速了。

小学生：是，我们确实超速了。

小学生：我们还没有发挥出最好的水平。

王佳一：如果太快了，可不行，刚才上楼的时候有没有人下楼，如果有人下楼的话怎么办？

小学生：那两个人撞上就该摔跤了，或者从楼梯上就会滚下去。

小学生：我觉得大家上楼不应该跑得太快，而且比如说在教室里也不能猛跑，这样容易受伤。

小学生：还要谦让，因为如果两个人都跑的话就会撞在一起，两个人都会受伤。

王佳一：真高兴认识你们，知不知道在行走的过程当中注意安全呀？

小学生：你要是很快地跑的话，假如前面有一个人突然停下你一撞他就会发生安全事故，有可能你会休息很长时间上不了学，学不了新的知识。

王佳一：所以在操场上、马路上、楼梯上应该是不一样的方式

是吧？

小学生：如果过马路的话，人行横道是绿灯的话就应该稍微快一点的走，如果走一半变红灯的话就容易出现安全事故。

小学生：过马路的时候应该先看左后看右，然后走人行横道，还有过街天桥。

王佳一：咱们再两人一组创编几首安全儿歌吧。先自我介绍一下，再说要说的话。

小学生：我叫郭佳楠，在育民小学二年级四班。

小学生：我叫卢木晨，在二年级四班育民小学。

王佳一：你们两个的作品给我们大家表演一下吧。

小学生：人行横道很重要。

小学生：过街天桥修得好。

小学生：小学生上学校。

小学生：交通小队排得好。

小学生：我是育民小学五年级十一班的李博雅。

小学生：我是李燕西。

口号：红灯停，绿灯行，黄灯过后不抢行，先看左后看右，一路畅通安全到。

小学生：我是育民小学十一班的宫主。

小学生：我是育民小学十一班的王晨。

口号：交通规则多又多，我们也来说一说。过马路时看一看，交通事故不出现。

小学生：我是育民小学二年级四班的杨芷颐。

小学生：我是侯丹琪。

口号：妈妈开着小汽车，行走道上快跑着，杨芷颐，车上坐，提醒妈妈守规则。

口号：爸爸骑着自行车，骑车也要守规则，爸爸骑车来接我，侯丹琪心里乐呵呵。

小学生:我是育民小学二年级四班的刘佳音。

小学生:我是育民小学二年级三班的孔佳一。

小学生:我是育民小学二年级四班的郭佳楠。

小学生:我叫卢木晨。

口号:小学生上学校,交通小队排得好,人人遵守红绿灯,交通安全最重要。

(六)引导话题,设置议程,拥有参与感

在抗震救灾的过程当中,我在中央财经大学采访,让听众能够亲耳听到来自灾区的学生的心声:感染听众来关注我们的关注,感受我们的感受。

陈天天:我是来自重庆的陈天天。

徐柯月:我是来自四川成都的徐柯月。

王佳一:在晚会上,她们和她们的伙伴们共同为大家朗诵了一首诗,接下来也朗诵给我们的听众朋友听,好吗?

陈天天:好的,这是我们所有来自川渝地区的同学集合现在全国赈灾的口号,希望能够代表我们川渝地区向全国慷慨捐赠的同胞们表示谢意,同时希望更多的同胞加入到抗震救灾的活动中来。

陈天天和徐柯月朗诵:我们来自四川,汶川地震截至目前死亡 28 881 人,被埋 14 000 人,受伤 19.834 7 万人,救出 27 560 人,捐赠 60.23 亿元。我不确定所有的亲人都平安,但我相信总有一天我们会团圆,因为四川永远都不会孤单。有你、有我手牵手,肩并肩,我们的痛苦有你们一起分担。温暖传温暖,四川开始有好转,真心连真心,总有一天会天晴。当您第一次走过募捐箱,您会听到我们的呼唤：支援四川。汶川、悬口、北川、礼县、德阳、九寨沟、绵竹、茂县、青川、卧龙、潭州、都江堰等待着全力的救援。当您再次走过募捐箱您还会听到我们的呼唤：支援四川！那代表我们一亿两千万巴蜀儿女，感谢您，好人一生平安。当天府变灾地，让悲痛变勇气，我们都是异地的巴蜀儿女，我们是铁是钢是永不弯曲的脊梁。华夏儿女血一样，一人一份力，四川挺过去，一人一只手，四川往前走。支援四川！你我都是最前线，中国必胜，四川雄起！

王佳一：谢谢你们，谢谢你们的坚强，谢谢你们的勇敢，谢谢！就像他们所说的，灾难过去后是希望之火在爱中熊熊燃烧的时候了，是让热情和勇气重新点燃的时候了，是把眼泪化作力量的时候了。因为经过灾难的磨炼，中华儿女会更加团结！更加勇敢！更加坚强！

人际关系的一个重要需求就是情感需求。当一种情感毫无保留地展现在一个人的面前，任何人都会做出回应。听到这一个采访的每一位听众都为之动容，都要为同胞做出自己所能做的最大的努力。那一段时间，我们引导着我们的听众们，捐款、捐物、写爱心卡，尽了首都媒体所应尽的义务。

（七）多种手段完成目标，呼应主题，推进节目

有策划地播出采访内容，让结构更合理，用以点题或推动节目的高潮。在抗震救灾那一段特别直播节目当中，我们大量采用了电话连线这一实用的采访手段来获取前方的信息，对亲历者、参与者进行采访，并配合嘉宾进直播间、与四川交通广播并机直播等形式让听众获取更多的信息。

三、《一路畅通》节目采访的内容特点及播出注意事项

（一）关于内容特点

相比较新闻采访，《一路畅通》中采访的时效性并不是最重要的。与交通生活有关的内容、与话题设计有关的内容、与社会生活息息相关的内容都可以。可以说，一路畅通的采访方向，也是一个主持人关注生活角度的具体展现、个人喜好的具体展现。

采访题目和内容的设计，可以很草根，可以很基础，但最好有细节。在对驾校的采访中，我们捕捉到了非常精彩的一个字是“抖”：握着方向盘时手抖，踩离合器时脚抖，驾驶的时候腿抖，回过头来签字的时候手抖。

有时还可以就某一类问题作系列采访：奥运筹备期间，我们设计了一系列的关于“文明北京行”的采访。第一，关于出行的，内容有：走路、骑车、乘坐出租车，坐飞机和公交、地铁，停车、开车。第二，关于公共场所的，内容有：穿着礼仪、图书馆、超市商场、电影院、公园、旅行、爱护老幼。第三，关于社区的，内容有：聚会、电梯楼道、邻里关系、垃圾、串门、借与还、敬老爱幼。第四，关于亲朋关系，内容有：朋友之间、师生之间、谦让、同事之间、司机与警察。

与交通有关的系列采访：一、各交通支大队单、禁行

线的新增和取消情况。二、交通法相关条款的解释；三、交通心理学的内容；四、小街巷小胡同的绕行方法；五、体育场等重要地点周边的停车场介绍；六、拥堵路段的绕行方法；七、关于交通保险；八、行车技术技巧。

（二）采访内容剪辑播出的注意事项

1. 节奏明快、听者不累

如果采访和高峰时段的节目节奏不协调一致，就失败了一半。

《一路畅通》的采访播出不能求大求全，过于繁冗会破坏节目构架和节目节奏。记得在晚间节目《动感北京》当中，我的采访是有足够的铺垫、介绍和感受的，小火文炖出滋味。在《一路畅通》，听众要的是“炒菜”，下锅就飘香，扔佐料就见味。

刚接手《一路畅通》时，我就没把握好火候。上节目第一天，就有听众发短信说：“磨磨蹭蹭，磨磨唧唧，不说正事。下去吧，回动感北京吧。”随后，稳定了一个多星期的军心呢。所以根据节奏剪辑采访，短平快地让听众了解资讯才是《一路畅通》的道理。

为了让采访的节奏和节目的节奏发生共振，一定要切割采访内容，最长不超过两分钟。甚至有的时候采访要掐头去尾，把导语和评论留在直播中间，根据实际情况说。这样才会有好的效果。

2. 细节取胜、小处抓人

只求展现一个侧面，听到另一种声音。

《一路畅通》节目一次两个小时，但以听众的收听习惯来说最多三分钟必须给他一个可以接受的刺激，就要变化一种收听元素，这样听起来才不枯燥。采访的作用在于：不求以其出精彩，但要用它换角度引发思考，更要有灵气。

比如说，采访海淀区的擦亮行动的时候，有许多孩子和自己的爷爷、奶奶、爸爸、妈妈在小区的体育设施那里打扫卫生，有几个年纪很小的小朋友也参加了义务劳动。我捕捉到了由于天气还有些凉，一个孩子感冒了，都流出鼻涕了，我就让他说自己为什么要来做这件事情？之后，用一句话生动地描述了我和被采访者之间的一个动作，并巧妙地拉近了被访者和听众之间的距离："啊哟，擦栏杆都冻出鼻涕了。你为这里擦栏杆，阿姨给你擦鼻涕妞吧。"

3. 百姓声音，随时采摘

在有策划的录音采访之外，还要有来自于民间的声音。

主持人除了在书籍当中获得营养，在多媒体中获得信息，也要注意平时人生百态的记录。有一次和出租司机聊天，我问他："师傅，买什么车好啊？什么车省油啊？"师傅的回答是："买车嫌费油，养活孩子还嫌饭量大啊。"有趣。

还有一些生动的话我也会记录下来，并在恰当的机会传播给听众：

相声演员：让别人笑笑，偶尔笑笑别人。

小丑：让别人看看，偶尔看看别人。

电子玩具：让别人玩玩儿，偶尔玩玩儿别人。

江河湖中的水：让别人喝喝，偶尔喝喝别人。

巴浦洛夫之所以能够发现条件反射是因为他有一句名言，观察、观察、再观察。节目当中，就需要这样生动的、生活的话语。

第七章　内容的过渡、情绪的转折及简单的节目编排技巧

广播的声音结构，包括语言、音响、音乐三大要素，其中语言是信息的载体，是广播宣传最重要的手段，音乐、音响是渲染气氛，增强真实感，提高传播效果的辅助手段。主持人在直播过程中，要最大限度地调动材料、组织材料，让材料为节目服务，让听众有共鸣、有共振。要运用多重形式和方法创造独特的气氛，引导大家的喜怒哀乐，把听众的情绪健康地、积极地推向高潮。

一切可以调动的元素都可以成为串联手段及形式：五千年的文明、先贤的思考与劝诫、劳动人民的真情流露、文化艺术的创造、传媒同行的发现与报道、新闻信息等等。可以旁征博引，可以不拘一格。听似无序，实则有神。动心起念明确，舆论导向清晰。用不同的形式和内容突出不同的主题，听众听的就是话筒后面主持人的良苦用心。

对于《一路畅通》来说，是有着适合自己的、有规律可循的串联方法和技巧的。

一、节目内容构成特点

本节目最大的特点是：时间长但板块小，广告 15 分钟插播一次。导致节目既是一个整体的推进，又各段有各段的特点。这种特点给节目主持人以无限的张力，同时也要求主持人的语言要凝练，每句话都要有信息量，无论是针对信息的服务，还是心理的服务。

二、根据节目特点进行串联的几个原则

（一）形散而神不散

我的节目应该是散文及小品，形散而神不散。能传达出我的稍显跳跃的心得，也能简单地描绘出我变化着的所见所闻。我的呼吸是和这个社会在同一个平台和网络里。

（二）照顾大局，重视细节

大局是节目为听众服务的目标，细节是主持人创造的点点精彩。记得一次直播后，我流着泪向领导诉说了我的不精彩、我的无奈。他告诉我说：不能求完美，但每天有一个闪光点被听众记住了，就是可以为自己鼓掌的时候……从那次以后，我就能轻装上阵，在节目要素的目标完成后，创造着属于自己的细节的精彩。

（三）突出重点，干净利落

在早晚高峰最拥堵的时候，再华丽的语言、再幽默的故事都会显得啰嗦，交通路况和新闻点击要干净利落地

呈现，无须刻意过渡。

（四）时时不忘，听觉美感

当今的媒体都是内容为王，但在多年的实践中，在加强多方面的努力的同时，我也一直没有忽略对于广播来说非常重要的一点：《一路畅通》整体节目的听觉审美。听觉中的美感，来自主持人个性声音的美、音乐的美、节奏的美、语言感染力的美、设置和结构的美、出乎意料的良性的听觉小刺激也是一种美。要运用多种形式创造出来听觉享受，运用多种声音元素产生的变化的美丽。

（五）张弛有度，适当压缩

许多需要发布的信息，准备的内容篇幅都不短，要适当地根据实际条件进行删减或改编。我曾经做过一次尝试，是把一个新闻故事用押韵的话语讲述出来：

“严大姐去银行、要把零钱存上账，

银行职员正在忙、没有时间帮她的忙。

三天后，严大姐又去银行，要把五分一毛一共 150 块的硬币存上账，

银行职员又把她挡，说 150 块的 5 分一毛的硬币查的时间得多长？

严大姐是卖菜的，多点零钱很正常。

真是家家有本难念的经，人人有笔难记的账。”

这就是用自己独特的视角说新闻。但这个是在直播前一天晚上的写作。在直播过程中，操作起来就有难度。我还曾经把一则新闻改成了顺口溜：赌徒不还债，债主抢

假牙。赌徒没牙吃流食，深夜找警察。警察劝债主，债主还假牙。

三、版块及情绪转折的方法

（一）跳跃思维法

在节目中，可以用多种形式丰富的内容去调节节奏，比如说当想把一个严肃的情绪过渡到一个欢乐的情绪当中去的时候，除了用一些小笑话、幽默的话语，还用过一种方式，用相声中的喷口读诗，读辛弃疾的《京口北固亭怀古》“廉颇老矣尚能饭否？”《村居》中“最喜小儿无赖，溪头卧剥莲蓬。”把廉颇的颇和莲蓬的蓬都用重音并且是夸张的口气读出来，起到一个非常有趣的效果。还可以用引导大家跳跃思维的方式编一些小顺口溜儿：“加一个轱辘、轱辘轱辘锤、轱辘轱辘叉、轱辘轱辘一个变成仨。佳一顾峰来问你，轱辘加在面包上变成啥、轱辘加在鞋上变成啥。”

使用幽默的方式来劝大家摆脱当前的烦恼。比如，有人说前面又有加塞的了。我们就说，不能盲目地占用应急车道或者是逆行往前赶，因为前面不走一定有他的原因。这时候就要用幽默的语言来告诉他：“水是有源的，树是有根的，前面走不动也是有原因的”；或者是：“皮裤套棉裤必定有缘故，不是棉裤太薄就是皮裤没有毛”。用这种方式来令他忘记堵车的烦恼。郁闷的情绪立即会改变。在节目中加入主持人的情感和激情，以真情感染人。

有一个在中央电视台工作的朋友给我发过一个短信:你们的节目都快成相声了。好！把平民的心声升华，在有意无意间升华而且不造作。

(二)哲理转折法

可以利用古今哲学劝导。明朝唐伯虎曾写道:“人活七十古稀,我年七十为奇。前十年幼小,后十年衰老。中间只有五十年,一般又在夜里过了。算来只有二十五年在也,受尽多少奔波烦恼。”所以我们不能烦恼太多,总在牢骚。

这段话,前部分衬着悠扬的音乐,最后转换成欢快的音乐。音乐与语言相结合,顺利完成情绪的转变。

(三)改编诗词法

让诗意与交通相结合,同时增强趣味性。调节节目的节奏,改变节目的情绪。

“一颗沙里看一个世界,一朵野花里有一个天堂,把无限放在你的手掌上,永恒在一刹那里收藏。”这是英国的勃莱克的一首诗,叫《天真的预示》。我把它改编成:“一颗沙里看一个世界,一颗心里有一个天堂。把平安放在自己的手上,在车厢里把欢乐收藏。”这种改写,在增强节目的可听性的同时也会给听众似曾相识的亲切感。

所以,有的时候听众说听完佳一的节目很有味道。但是这些味道凝聚了古今中外许多人的智慧,只不过我把它轻轻的用我的方式改编了一下。忘记了是在哪里看到的一句话，也是为生活的一种独特的诠释："男是气，女是球，两个人在一起是一个多么美丽的气球。"我于是在后面加了一句："男同志们，加油啊，可不能泄气呀！那位说了，泄不泄气得看女同志们吐不吐口。"

还有一次，听众发来短信说有人夹塞，我改编了徐志摩的那首《再别康桥》："轻轻的我停下来，正如我轻轻的向前开，我轻轻的一给油，不让一个人加塞。"

另有一次，改写了李清照的一首词用在了晚高峰时段："明月别枝弄影，清风夜半争滩。稻花乡里享团圆，听取欢笑无限。七八十辆车路上，两三个朋友向前……"

还改了李清照的一首："寻寻觅觅，满满登登，拥拥挤挤急急。冲上车厢时候，最难呼吸。"（寻找车位时候，最易心急。）

还有，改编诗词：一曲新词酒一杯，去年地铁旧站台，夕阳西下几时回？无可奈何挤上去，似曾相识你上来，香满车厢怎徘徊！

另外，主持人可以根据听众的短信在延续创作并且过渡短信之间的内容。记得有一次，一个听众发来短信说，听了你们的歌我也一个人在车里唱，于是我续写了四句：风在林中唱歌，爱在心中唱歌，你在车里唱歌，我在你耳边唱歌。巧的是，在我的笔记本上，正好记录了一个与唱歌有关的笑话，我又把这个笑话截在了这四句话后面，和顾峰一块讲了出来：

顾峰：一个醉汉午夜爬楼，边爬边唱歌，小城故事多。

王佳一:这时候一个小姐也刚回来,接了一句,充满喜和乐。

顾峰:男的说:"站住!"

王佳一:女的一惊:"啊?我没有钱。"

顾峰:"住口"。

王佳一:"那,那我把包给你好了。"

顾峰:"记住,以后唱歌自己起头。"

哈哈哈哈,笑声一片。听《一路畅通》的许多朋友在车里大笑,一转头看到旁边的司机也笑呢,同道中人啊!还有发来信息说:"带着耳机听节目,全公交车上的人看我傻笑!"

(四)改编歌曲、改变心情

在一次的节目中,根据当时路上发生的事,即兴曾经改编了一首歌《爱你让我勇敢》:"爱你让我勇敢,但要有急有缓、有快有慢。"唱完后我说:"是不是着急去约会呀?都敢走逆行车道了,快回来吧。要出了事故,轻则被警察拿下,重则什么都没了。"

在说到话题《家有男孩》时,我改编了谢晓东的一首《老百姓心里真高兴》:"顾妈妈心里真呀真高兴,千万辆车响的是一个声音,若问那是什么节目,《一路畅通》为朋友平安千里行。"

另一首改编的歌词是:"我的热情好像一把火,燃烧了你的心窝,今天路德日已经是第四个,遵守交通法,平安过生活。车坏了能修好,人无法复活,说了这个我已经有点哆嗦，我为你唱一曲你努力拼搏，我们大家相互提醒平安又快乐”。

当火炬手候选人时，改编了《共产儿童团团歌》：“准备好了吗？时刻准备着，我们已经成长为志愿青年”。之后接话：“我可能握着火炬向前，今天的北京，需要我们奉献，把我们的风采向世界展现。”

这种改编的方法设置成话题也会让听众有极大的参与愿望。有一次，做了一个话题《奥运歌曲大改编》，把熟悉的歌改成唱奥运的词。还有一次，我们改编过年时的老歌谣：“二十三糖瓜沾，二十四贴福字……”我们请听众把它改编成与交通有关的内容，大家的意见集成了最后的一个作品：

二十三，依法行车没罚单，
二十四，出行路上不出事，
二十五，文明行车不会堵，
二十六，慢车不走快行路，
二十七，心态平和没脾气，
二十八，不能随便按喇叭。
二十九，开车不能喝小酒，
三十行车不分神，初一早上喜临门。

四、节目内容和广告之间的衔接

广告前后和内容的衔接不能被忽视。由于交通广播广告多，有的时候主持人在一个时段里说的时间还没有广告的时间长，让很多听众产生了调台的想法。于是，我们就用心良苦地想了许多能够留住听众，至少让听众在广告之后重新收听的小招数。

比如，让听众猜新闻：最新研究表明酸奶和某种物质搭配对补血非常有作用的。这种物质是什么呢？广告之后公布正确答案。（答案是西红柿。）

或者是，把一些文学作品当中与生活常识有关的内容与大家交流一下。比如，《红楼梦》第四回秦可卿有句话："……倒像克化得动似的……"这克化是什么意思？广告之后公布答案。（克化是消化的意思。）

五、小花絮：幽默化解危机之——轻生变强生

下面说句题外话。在主持一次活动中，主办方提供汽车养护品作为礼物。我忠诚地按照稿子讲道："二等奖是＊＊公司提供的轻生牌汽车用品。"啊？轻生牌汽车用品，连敌敌畏也不敢起这个名字啊，我心想。于是赶紧补充："这个牌子有怎样深刻的含义，发奖之后我们将访问厂家代表。"厂商上场之后，我问道："是怕大家因为违法驾驶而轻生才起了这个名字吗？"厂商代表严肃地说："我们的品牌是——强生牌。"我顺势："同志们，短短两分钟，我们经历了从轻生到强生的全部过程。拥有顽强的生命力，让我们和强生一起努力！"厂商代表满面春色。

第八章　片花和宣传、公益广告在节目中的作用

一个成熟的媒介平台、一个好口碑的广播节目是不能够忽视公益关注的。公益广告是一个媒体或节目在专题节目之外的能够展现公益心、关注需要关注的群体的具体的体现。

优秀的片花可以帮助主持人完成节目目标，向听众传达节目理念，帮助主持人制造一种情绪，成功地完成一种情绪的延续或转换。

这两部分都是直播节目当中可以调用的固定资源，可以集中全台力量打造的精品内容，具有比常规节目更强的可听性。

总结起来，宣传、公益广告部分可以大致分这样几类：

一、与时俱进的公益宣传

每到不同的宣传日、纪念日都要有相应的作品与主题相呼应。如：禁毒日公益广告是交通广播每年都要推出的。而在新《道路交通安全法》推出之前，我们创作了

一条宣传广告：

如果有一只宽大的手掌能让我安心，

我愿一生为他掌握。

每个人都需要安全感，

你也是一样，对吗？

《道路交通安全法》，

你我安全的保证！

中华人民共和国新《道路交通安全法》2004 年 5 月 1 日正式实施。

奥运期间，我们的创意的宣传广告：

音效：乒乓球。

被访者：打乒乓球，既……又……，这是我的健身方式。

音效：击剑。

采访：我们虽然不能玩击剑，但是我每天早上打太极剑。

音效：跳水、入水声。

被访者：我每天游 1000 米，20 年了。

音效：抖空竹。

被访者：抖空竹，是我们老北京的最爱。

男：世世代代，我们用自己的方式强身健体。

点点滴滴，我们微笑着做出最大努力。

女：迎奥运、讲文明、树新风。

男：《一路畅通》。

另一个宣传广告是改编了《都有一颗红亮的心》：

我家的表叔真叫忙，
每天辛勤奔波在路上，
虽说是，虽说是钱儿挣不多少，
可他却开车把人帮，
他是一个出租车驾驶员，
的哥的名字被人们叫得响，
千万个的哥的姐都一样，
都有一颗火热的心肠。

男（白）：我们愿为 2008 年北京奥运会贡献力量。

二、引导情绪的公益广告

就特定时段的特殊心理有针对性地制作的公益宣传内容。在“好运北京”测试赛期间，交管和环保部门试验单双号出行，我们制作了一条公益广告：

配乐 RAP：

向前一看已到家，我心里乐开花，
单号双号分着走 20、19、17、18。
我抬起头来望望天，想起我的他。
一个电话还没打完我就已到家。
（画外音：电话够长的！
不长，才 20 分钟。
开车你还打电话？）
今天我坐公交车，感觉真不差，

听听广播看看电视多么自在呀。
困了累了打一个香香的盹，
不用担心疲劳驾驶急坏我的妈。
（画外音：坐车睡觉注意防扒！
知道了。）
看看自己尽一份力天空变蓝了，
好运北京测试赛我也算参与了，
拍张漂亮的照片发上互联网，
让全世界的朋友都来赞美我的家！
测试赛期间，这则广告全天滚动播出还常被点播。

三、焕发激情的宣传广告

向前走，我们手拉手，向着五环挥挥手，
向前走我们歌一首，幸福和欢乐伴左右，
我参与、我奉献，没有遗憾不回头。
我参与、我快乐，甜蜜回忆在多年以后。
超越自己赢得胜利，
与奥林匹克相拥，让我们尽情欢呼！

四、转换节奏的宣传广告

1. 调节节奏的宣传广告
（卡通声音）
女：我是畅畅，心情舒畅的畅。
男：我是通通，四通八达的通
合：只要心情舒畅，就会四通八达！

女：一路有畅通，心情很轻松。

男：《一路畅通》！

2. 用于广告的宣传

女唱：广告已来，心跳加快，请别走开。

女：我们马上回来。

男：《一路畅通》。

3. 用于下午《一路畅通》的片花

RAP：

好不容易下了班，
真想回家快吃饭。
媳妇孩子得有人管，
一堆家务还没干。
车多人多行路难，
一挤一停真够烦。
公交车倒跑得快，
老少爷们得挤着站。
警察叔叔直流汗，
可车多路少没法办。
真想单行道里转，
可真要罚款更添乱。
Radio 里面真平淡，
来来去去把台换。

男：欢迎进入我们的都市快行线《一路畅通》。

五、直击心理的宣传广告

2003 年非典期间，我们制作了一条舒缓紧张情绪的公益广告:《车宝宝回家》。

小女孩:妈妈，汽车为什么要眨眼睛啊?

妈妈:因为它要转弯呀。

小女孩:那，为什么这边的车比那边的车多呀?

妈妈:因为家住在这边的人多呀。

小女孩:车宝宝也回家吗?

妈妈:是啊，它要和它最爱的人一起回家。

小女孩:(轻声地笑)回家了，我睡觉了，汽车宝宝也睡觉了。

男:北京交通广播，人生路上，继续同行!

这是在 2003 年非典时期的一则公益宣传片花。这个家庭的男主角一直没有出声，这让人有两种猜测:一是他正在驾驶车辆，二是他在抗击非典的一线。但母女俩人温柔的对话加上温馨的音乐给人非常温暖的感觉。那种淡定也能给人勇气与信心。此条广告也常被点播。

六、提醒劝诫的公益广告

我们以《警法时空》节目吴勇制作的禁毒广告为例。

【采访】

女孩:我觉得我爸为了我付出挺多的，那时候我吸毒最严重的时候我都不回家。我爸就担心我，一看电视里

面新闻或者哪死人了，哪有人抓起来，女的，他骑着自行车就去看去，去派出所找，看看是不是我，一看不是我，然后回家这才放心。有一阵好长时间我爸我妈都生燥都不怎么吃饭，就是为我着急着的。我想对我爸说的？最想说的就是对不起，我现在知道错了，我正在努力做，就想让他们别再为我着那么大急，操那么大心了。

【采访结束】

【音乐】

珍爱生命，拒绝毒品。

北京交通广播。

七、知识普及的公益广告

这类广告大都以交通提示、汽车保养为内容。

《爱护雾灯》：

雾灯：蓄电池大哥，怎么你今天看起来无精打采的？

蓄电池：还不都是因为你！有事没事你都加班加点儿。加重我的负担，影响我的生命！

雾灯：那我马上告诉王佳一，没事的时候就别让我干活了，我也累呀！

《一路畅通》提醒您：浓雾已经散去。请关闭雾灯。节省电能。

八、沟通心灵的公益广告

1.《共同的家》公益广告

诚恳 诚实 诚挚 一颗诚心为城市

北京是我们共同的家，我们一起建设她。

2.《关受父母》公益广告

你能感受到的是爸爸的爱，妈妈的爱，

你要做到的是爱爸爸、爱妈妈！

《一路畅通》人生路上继续同行。

九、健康提示的公益广告

你知道吗？

男：多笑伤腰（笑声音效＋画外：哎呦，我的腰。）

男：多怒伤肝（画外：生气确实是拿别人的错误惩罚自己）

男：多话伤液（画外：奶奶，别说了！）

男：多泪伤血（画外：那黛玉姐姐最该补血了。）

（卡通声音）：所以，喜怒哀乐都要有度，对自己最好的人就是心态最平和的人。

女：《一路畅通》祝您健康！

男：继续为您服务！

十、即兴创作的公益广告、片花

大部分的公益广告是精心策划和制作的，但有些即兴制作的比较简炼和对仗工整的语言也能在节目直播过程中配合音乐起到片花的作用。

“欢迎收听一路畅通心心相印版，

这两颗心一颗代表友爱，是关心，

一颗代表快乐是开心，

一颗像火种，因为被点燃而散发热情，

一颗像深潭，因为有宽容而收缴忧郁。

有两颗心期待着与你同行，

有两颗心永远祝你平安！”

听到这么温暖的话相信行车路上的人就不会因堵车而觉得烦躁了。

另外，即兴创作的片花也可以是对自己工作的一种理解，如：

女：质量高、性能好、反应快、可控性强。不不不，我说的不是机器，不是汽车，我说的是你！看红灯就停的那位骑车的。奔红灯去的那位，赶紧浪子回头吧，危险啊！

男：王佳一，干嘛呢？

女：我是交通协管员。虽然没在马路上，但大屏幕上都看见了。

男：您这里收听到的就是交通协管员王佳一主持的《一路畅通》！

有的时候，现场创作的片花是前一个内容的延续。奥运之前濮存昕朗诵了一段顾拜旦的《体育颂》，诗里面说到了“体育，你就是和平、美丽、正义、勇气、荣誉、乐趣、培养人类的沃地，就是和平与进取。……”在他朗诵结束之后，节目继续直播时我又续写了几句：“啊！体育，你就是追求，就是参与，就是进取，就是努力。”也许看起来很简单，但在快节奏的直播进程中这种变换是会令听众感觉很连贯。

罗兵、王佳一

顾峰、王佳一

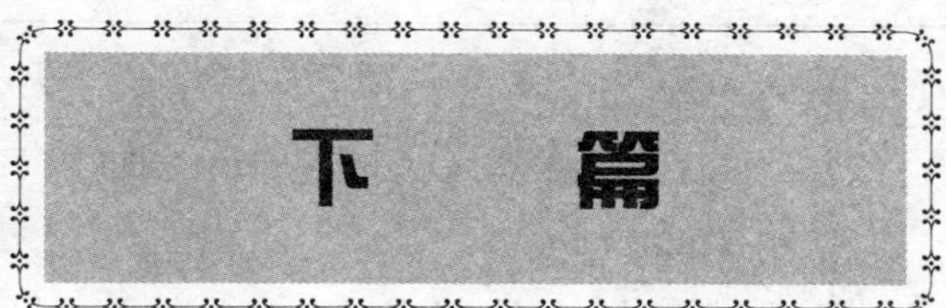

下　篇

我的心啊
从与听众的交流中探索你的美吧
正如小舟之美
得之于风与水的激荡

第一集　一路畅通:我的考本经历

(本期节目获得2007年度北京人民广播电台节目展播主持作品最佳奖。)

【片头音乐】

展示主持人风采,汇聚精彩节目,北京广播电台2007年主持人节目展播现在开始。路况信息及时准确,出行指南快捷高效,娱乐空间精彩纷呈。这里是《一路畅通》。

王佳一:(热情洋溢)亲爱的朋友,一路畅通节目现在开始了,我是王佳一。

顾峰:大家好,我是顾峰。

王佳一:我是一条小溪,在属于我的河道里游玩嬉戏。

顾峰:我是一名司机,在属于我的车道里行走拥挤。

王佳一:能当上司机挺不容易,必须有一个成功的考本经历,今天我们就把这事提提。

顾峰:不同的朋友有不同的考本经历,考试的时候有不同的心理和情绪。

王佳一:(模仿郭德纲)您是紧张呢?是紧张呢?还

是紧张呢?

顾峰:考您的警官是否和气呀?

王佳一:您对自己的发挥是否满意?

顾峰:您考的是70年代、80年代,还是本世纪呀?

王佳一:您考的科目和今天有什么同有什么异啊?

顾峰:请您搜集搜集您的回忆。

王佳一:整理整理您的信息。

顾峰:参与参与今天的话题。

王佳一:我的考本经历。

【歌曲《学开车》】

王佳一:嘿嘿,左了,还倒不进去,技术没到家呗。

顾峰:嗯,没学得认真呗。

王佳一:估计这种情况,您还是别去考了,考了也过不去,也得折。

顾峰:但是咱千万别太心虚了,有的时候特别紧张吧,就会影响到自己的发挥。

王佳一:现在走在路上摸着方向盘的都是考过的,恭喜恭喜啊!(笑声)

顾峰:您帮我松一下手刹,我突然松不住了,以下是我在考试的时候对考官说的话。这警官会帮忙吗?

王佳一:当然会了,这属于没办法,这属于太紧张了。

顾峰:我的考本经历,欢迎大伙儿和我们好好说说。

王佳一:1471说了,我昨天刚刚参加完交规的考试,正好赶上改革,还好我通过了,我前面好几位同学89分,特惨!

王佳一:对呀,刚才那歌里唱了 700 道题,现在已经 1500 道了。

顾峰:(惊讶地说)刚才还看一个哥们儿,交规考试考了五次呀。

王佳一:那是手机尾号 0021 的朋友。

顾峰:(十分无奈)唉,考本真难呐!

王佳一:交规 5 次才过。

王佳一:手机尾号 4005 的朋友,我那时候一上车瞧见考官我就乐了,他让我给乐毛了。

顾峰:你怎么了,笑什么呀?

王佳一:呵,没什么,我怎么看您长得都像我大爷。(笑声)

顾峰:结果还用说吗? 是吧。

王佳一:他一听也乐了。(笑声)

顾峰:这近乎套的,有学问。

王佳一:9460 的朋友说。

顾峰:我考本的时候呢,加减挡、还是两脚结合,踩摘踩挂,踩摘轰踩挂,现在就一脚离合了,我表弟在老丈人那里学车呢,唉呦呵。

王佳一:(有节奏感地说)踩摘踩挂,踩摘轰踩挂。

顾峰:是呀。

王佳一:这怎么像舞蹈动作似的呀。(笑声)

王佳一:哎,我也是呃。

顾峰:我学那时候是大解放。

王佳一:我倒没学那么大。

顾峰:带那大鼻子那个。

王佳一:我130也是两脚离合。

顾峰:那练一天就跟练了一天拳击似的,胳膊酸。

王佳一:没助力。那打轮的时候……

顾峰:就跟在农村推那个大石墨一样。

顾峰:0101说了,我02年考的本,一切顺利,就是最后呀,警察叔叔说停车。

王佳一:我一激动,踩上刹车,这刹车比我们那些车还灵,使劲一脚下去。

顾峰:警察叔叔差点从前窗蹿出去。

王佳一:不过他给了我个及格分。(笑声)

王佳一:1687,我估计他考本的时候,可能是六、七十年代。

顾峰:(顺口溜)考本考本难上天。

王佳一:先给师傅买条烟。

顾峰:起步挂挡再给油。

王佳一:桩考路口警察管。因为那个时候,那手握方向盘是多好的职业。您听听——

现在在王佳一身边的是北京东方驾校的副校长史增强先生,史老先生经历了30年的驾驶员培训的管理工作,而且还参与编写了最初的教练员考试的教材,说在70年代呀,他20多岁的时候,北京还没驾校呢,他就已经开始从事司机培训班的管理工作了。

史增强:对,北京的驾校发展史应该有30年出头了,从76年前后,第一批驾校就开始诞生了。确实呢,是当时国情决定,各企业对驾驶员的需求量比较大,靠过去那种自培方式,已经供不应求了。那么,在这个时候是两种模式并存,各单位还在自培,各驾校也开始了规范地对驾驶员的培训工作。

王佳一:(好奇)那76年的第一批驾校都有什么样的科目呀?

史增强:有交规、机械常识、砖考和路考。当时,他们练车就是在郊区和市内固定的练车线上练车。

王佳一:市内的固定练车线在哪?

史增强:咱们说西城吧,大家都知道北京展览馆到白云路,这就是一条市内的固定练车路线。再说考试路线在市车管所幸福大街的一左一右,出咱们市车管所向左转就是往体育馆路方向,龙潭湖方向,出幸福大街市车管所向右转弯就是往花市大街、崇文门、北京站这个方向。谁都说,到北京站前考试是最难的,你想啊,花市大街是一条商业街,当时里面有公共汽车,手扶拖拉机还在路上跑着。这儿有电影院、有餐馆、有百货商场,路还很宽;崇文门是个畸形路口很不规范,而且历年来那块儿的流量就最大。为什么?很简单,北面是东单,南面是天坛,西面是前门,东面是北京站。结果呢,北京站在考你的时候,它应该不是一个一般的地方,它是一个万人流动的广场，24 小时不断的若干次列车通过北京站。

王佳一：70 年代就在那儿考？

史增强：就在那儿考，而且大家都知道那个时候北京站前有一个岗楼，在那儿掉头，掉头的时候四面八方的人都在那儿随便地过马路，不走人行横道，你说你怎么走？那就相当于一个大型的体育比赛散场以后那种人流，咱们开车在里面穿行。

王佳一：(不可思议)这练的时候得练成什么样才敢去呀？

史增强：一个是练得时间长，练得比较扎实，在路上练，有路上的一部分经验和基础。

王佳一：那时候得带着练多长时间啊？

史增强：半年。

王佳一：(惊讶)得练半年才能考试？

史增强：对，那个时候师傅教的是这样，从开始擦车、保养、修车，冬天要摇车，要给发动机灌热水，叫热车。这样呢，上路的时候摸车的时间比较少，看的时间有一定的要求。另外，在郊区再开一段以后有基础才能进城。进城以后呢，实际上来说，有一定的底子了，在城区里也敢这样做了。然后再给您说一个小插曲，在北京站前掉头以后，好多人发愁在哪儿停车，如果你在邮局门口停车你折了，如果你往前走到 103 总站你又折了，过了 103 总站你再停车又折了，那有一个变压器，必须离开变压器一段距离你停车才算合格。

【采访结束】

【片花】

这里是大家帮助大家的《一路畅通》。

王佳一:《一路畅通》继续伴随大家同行,我是王佳一。

顾峰:大家好,我是顾峰。1669 说了,考桩前一天夜里下大雨,考场排水不太好,地上积了到脚脖子那么深的水,我们都脱了鞋,趟水到了车上再穿鞋考试,都看不见地上的线呐,特别晕呐。

王佳一:(模仿警察的语调)要说你们考完以后连船本都能有了。(笑声)

顾峰:真够幽默的。

王佳一:1133 的朋友,他说,我大三暑假考的本,当时我是学生啊,而且考那次全是学生,为了节省时间,考官让我们上车挂三挡就过了。

顾峰:弄得我现在吧,只会挂三挡。

王佳一:所以还得严,什么都得考。别九选六,九选三了。

顾峰:就是每个都不拉空。

王佳一:想考本的得恨死我了。(王佳一、顾峰笑)

王佳一:2211 的朋友说,我们学车的时候呀,还不是计时班呢。我利用高三暑假学的,一共用了半年我才拿到本,所以基本功很扎实,什么都不怕!拿了本我就敢上路,哪像现在呀,有的还得找陪练。

顾峰:4715 说了,我去年考的本,21 天桩考、路考全一次通过，认真学、放松考准没问题。

王佳一：噢，这是心态好，但是呢，有的朋友还是紧张。

顾峰：我们的一位同事也在我们节目当中现身说法了一下。

李秀磊：我第一次路考折的那才叫冤枉呢，我是我们驾校特别有名的一个优秀学员，当时我们教练经常跟同车的这些我的学友们说，你看人家，还是一个女孩子呢，学得真叫棒。可是，其实我心里特别没底的就是坡起，在路考那天我就想了，肯定得考坡起，果然，开始那一段还挺好的，非常平坦，但是到了一个路口我发现，如果直行还是一马平川，如果右转弯就是一个坡了。我想，这考官不能够放过我呀，于是，我就打着灯慢慢地右转，然后还不错，考官竟然没有发口令，可是前面有一个路口是有红绿灯的，在我到达路口的时候，正好就变成了红灯，没办法只能停车了，而且是颤颤巍巍的，坡起还算顺利，走过了这个路口到了下一个路口，又赶上红灯了，再一次坡起还是很顺利，一点毛病都没有，等过了以后又开了那么一小段，行了，靠边停车吧。我心想这回肯定没问题了，过了，没想到考官说：你折了！为什么呀，考官？考官说了，刚才在第一个丁字路口，我发口令了吗？您，您好像没说。那你为什么右转弯呀，不发口令的时候应该怎么走？嗨，我这才想起来不发口令的时候应该直行，我这第一次折的，真是冤枉死我了。

【歌曲《错不在你》】

顾峰：错不在你。

王佳一：都是坡起惹的祸。

王佳一：还有跟坡起有关的呢，手机尾号 5215 说，当年我考本的时候，考官就爱考坡起，结果我前面连折俩。我上车坡起真起来了，（笑声）结果我一美呀，（悔恨地哭腔）我靠边停车的时候，空档滑行了，考官说什么也不让我过，后来我又约了一回。

王佳一：那坡起的时候呀，得等那个车，（以“我的忏悔”旋律唱）我的心在颤抖，（舌头打转）得颤、颤、颤的时候才能给油、松手刹呢。

顾峰：就咬那寸劲儿，是吧。

王佳一：对，手机尾号 9489，是因为坡起没拿下来么？（模仿失落人士唉声叹气地说）唉，都仨月了，还没拿下来呢。

顾峰：6018 说了，说起考本啊，我就很开心，和我们家那口子就是当时在学车的时候一起认识的，一起得到了驾照，今儿我们相识一年了。

顾峰：6159 说了，我考本全部一次通过，因为我之前有车。

王佳一：噢，没准儿在 70 年代确实得上路练车。

王佳一：2202 的朋友，说 03 年路考，很快我就加到四挡了。

顾峰：0981 说了，东方时尚驾校多年来未见的 300 分司机就是我。

王佳一:9493的朋友说,怎么这么巧啊,我今天正要去路考。

王佳一:祝你一切顺利。接下来,我们就请车管所京南分所的副所长王爱民警官给我们介绍介绍学员在考试的时候都有什么样的特点,有请王警官。

【采访录音】

王爱民:目前我们提出来人性化的服务,但是也出现很多学员紧张的因素,几个很突出的动作当中就能反映出来学员的紧张程度。比如说,抖动,科目一因为它是计算机考试,考完试签字应该说紧张程度稍微小一些。科目二也是专考题跟考试员还有一定的距离。科目三是随车签注,所以说学员在签注的时候手抖得很厉害,可以说有的字,学员自己都认不出来。另外,还有一种情况就是考完试的学员,我们发现很多次,无论他及格与否下车的第一个动作都是掏手机,及格的学员马上会跟家里报喜,说我考试通过了,不及格的学员当然垂头丧气地说,唉,这次考试没及格。

王佳一:昨儿采访的时候,王警官说他是在警校学的本,所以那个时候是很多同学一块考,所以没有那么紧张。

顾峰:你说这考官,如果是第一次来考试考别人的话,他的心里状态怎么样?

王佳一:您当考官的时候开车门上车什么感觉?

王爱民:那肯定是心里想的我要去考试,会面对不同岁数的学员,老的考试员也跟我们讲,我们考试的对象,可能其他的社会阅历,包括自身的文化素质要比我们高很多,所以,我们考试过程当中第一不能讲外行话。第二要把考试的标准用最简洁的语言,最明了的语言告知他不合格的内容,这样学员能够在考试当中心服口服。

【录音结束】

【电话连线采访】

王佳一:这些录音是昨天采访的内容,是王所在自己的所里采访,他不紧张,接下来咱来个直播的。

顾峰:来一个现场考试。

王佳一:电话连线,让警官也紧张紧张。(笑声)

顾峰:来,连线。

王佳一:你好,王所。(笑声)

王爱民:你好,主持人好,听众朋友大家好。

王佳一:今天直播呀,再想采访您两个问题。就是您当考官的过程当中,有没有什么让您觉得印象非常深刻的小故事?因为我们的听众朋友说了很多自己参加考试的故事。

王爱民:应该也是十多年前的事了,当时叫《交通管理条例》。在考试、特别是科目一的考试过程当中是问答形式的,不像现在考试,科目一的考试分选择、判断题,全部由计算机来操作。当时跟抽签形式差不多,由学员从考试的题库里面抽出五道题，每道题占的分值应该是20分，五道题满分是100分，考试标准也是90分合格，如果说稍微答错一点的话，可能就会出现不合格的内容。我印象最深的，当时有这么一道题，交通民警指挥手势信号有一个叫“停止信号”，正确的标准应该是民警左臂向上直伸，手掌向前，不准前方车辆通行，右臂同时向左前方摆动时车辆须靠边停车。但是，我印象最深的就是，有一个学员在回答这道问题当中，他讲了，什么叫停止信号呢？就是交通民警站在岗台上双手举起，然后车辆就可以靠边停车了。

王佳一：（笑声）很难想象，警察站岗台上双手举起，这帮司机还知道怎么过吗？那也别光说学员的，您刚当考官的时候有紧张情绪吗？

王爱民：说实话，面对学员点名的时候，应该讲也有一些很尴尬的事情，因为现在很多表格一个可以计算机打印包括可以网上下载，另外就是身份证的信息，特别是第二代身份证的信息都可以通过扫描录入系统里，字迹应该很清楚。在十多年前，可能某些学员在自己写申请表的时候，签字时自己可能有些辨认不清的字，我印象当中出现一个跟名字有关的很尴尬的事。我记得当时是英和美两个字，因为某种程度上要写连的话，短时间内也很难辨别。那个学员应该叫陈世英，但是看得不清楚我就连续点了两遍，陈世美，陈世美有没有？点完以后就发现学员特别安静。突然，有个学员在后面说，

我不叫陈世美,我也不是秦香莲的爱人,我叫陈世英。(笑声)

王佳一:英美关系好也不带这样的。(笑声)

王爱民:所以说很尴尬。如果当时这个学员在听广播的话也表示歉意。

王佳一:在此也向所有将去考本的听众朋友说一声,您紧张,其实有时候警察也紧张,大家都放松心情吧。(笑声)

【采访结束】

顾峰:2184说了,我太太考本,习惯靠右侧车道行驶,明明进了右转车道,可她照样直行,考官问,前面什么呀?桥。还有什么呀?云。让你开飞机呢,问你地上呢?有个箭头。往哪指?那边,那边。那你怎么走啊?嗯,警察不说就直走,教练说的。考官当即一闭眼靠椅子里不管了,您知道结果了吧?

王佳一:(笑声)手机尾号0351,我路考那天特意穿一身新衣服新鞋,可到了考场我就后悔了,我练的时候不是这双鞋,这可怎么办?找不着踩油门的感觉了。我想这回可难了。

王佳一:过了吗?后半段我没找着。(笑声)今天我们和大家交流的话题是我的考本经历。

王佳一:8836的朋友参与了今天的话题。

顾峰:王佳一呀,说起这事我可高兴了,我的一个朋友考交规考了三次,桩考两次,路考四次,结果现在吧,他开车我们都不敢坐。

王佳一:2266 的朋友说,两年前路考,我后面的女孩考完了对我说,你下车的时候手刹拉得太紧了,我上车没松开,警察还帮我松两回呢。(笑声)

顾峰:用力过猛。

顾峰:5543 说了,我考杆的时候呀,紧张得不得了,打轮的过程当中把雨刷器给打开了,但又不敢腾出手去关,所以是开着雨刷器考的杆,后来考官们都夸我呢。

王佳一:手机尾号 5370 的朋友说,我一个哥们儿,路考时候紧张,车打着之后不敢向下看去弄那个挡,他就用手摸,考官说,摸我腿干吗?

【歌曲《一路顺风》】

王佳一:考本,考的是上一段学习的成果。

顾峰:是为了下一段在路上安全行车,打好坚实的基础。

王佳一:曾在同一个起跑线上出发的各位司机朋友。

顾峰:祝您把握好方向盘。

王佳一:控制好刹车和油门。

顾峰:该停则停。

王佳一:要走则走。

顾峰:在人生路上、行车路上都一路平安。

王佳一:一路畅通。

节目评析：

节目编排与多角度信息融合
——《一路畅通：我的考本经历》评析

随着新媒体时代的迅速到来，并以迅猛的势头抢夺传统媒体的阵地时，作为传统媒体代表的广播，也开始思索自己的出路。但万变不离其宗，受众的需求是媒体生存的基本前提之一。对于北京交通广播而言，引起听众共鸣的与百姓日常生活与出行息息相关的节目，是最根本也是最具特色的节目内容。本期话题《我的考本经历》用轻松的氛围、丰富的信息、实效性强的资讯体现着我们自己的特色和优势。

（一）不同来源的信息的融合

据最新统计，北京市目前日均机动车增长量为 1 000 辆左右，这就意味着，每天就要有 1 000 名新手或老手驾驶员开车上路。而这些人中，有大部分是第一次拿本儿、揣着忐忑心理上路的“新手”。这个话题本身就是一个人们非常关注的“议论点”，因此抓住了这些已经有本、正在考本还有准备考本人的心。作为节目，留住听众，就留住了自己的血液。

节目开篇，就把听众短信、采访、主持人自身感受等不同来源的信息因内容的近似性而融合在一起。开场一段京味儿导入语幽默地展示了学车过程中的酸甜苦辣，新颖却不脱离实际，似乎让我们回到了自己在练习场和考试场上的过往：教练的抱怨“你怎么那么笨呢”的批评、“左边、左边”的提醒，回忆的画面立刻浮现眼前。这样的开场，不仅符合了《一路畅通》一贯的节目风格，并且是节目编排方面的创新。由主持人对过去学车“艰难”的记忆和一位老听众六七十年代学车经历的短信，引出接下来一段对老一辈机动车驾驶员培训者的采访，带听众回忆了北京机动车驾驶员培训事业的发展，特别是被采访者对过去考试一些细节的回忆，不仅让我们和今天的考试内容和形式有了一个对比，而且是引出听众进一步互动的由头之一。

听众的现身说法也是本期话题的亮点之一。新闻的本源是事实，而这种最真实的声音也最能还原事件本身，也就更能揭示当事人的心态。这个考试“折”了的故事，源于对坡起的害怕，但这种紧张的心理反而让自己忽略了最基本的考试要求——要听从考官的指令。用这位听友的话来说就是“我这次考试折的太冤了”！再配上唱着“错不在你、错不在你”的背景音乐，让人在忍俊不禁的同时，也得到了启发，从而很好地传达了节目的目的。

对于打算开车上路的人来说，机动车驾驶考试是必经的阶段。此时考试者的心态肯定是各种各样的，除了共同的紧张感之外，因紧张而产生的“众生相”既是笑料也是经验。对京南车管所王所长的采访，很好地印证了这一点。学员紧张，而作为当事另一方的考官的心态同样也不平静，也许这个“陈世美与陈世英”的故事，会成为人们街头巷尾聊天的谈资。

还要提及的是,作为在早晚出行高峰播出的《一路畅通》,如何把握听众在此时此刻的心态是尤为重要的。而突出反映这一点的就是如何引出话题。我们借鉴传统曲艺单口相声"定场诗"的形式,比如本期的"我是一条小溪,在属于我的河道里游玩嬉戏;我是一名司机,在属于我的车道里行走拥挤",本身首先是一种概括,其次自然而然地把听众的注意力引到接下来的话题上。

(二)短信互动和采访内容的融合

短信互动一直是《一路畅通》的显著特点。而一味地念听众短信也会带来听众的收听疲劳。本期节目,短信互动和采访的相互穿插较为得当,这种形式,既是调节听众收听节奏的办法之一,其实也是对主持人自身状态的一种调整。具体到本期节目的话题,如果一味地采访,就会让人觉得"说教味"太浓;反之过于重视听众发来的短信,就显得话题的讨论有失偏颇,这就是所谓"任何事情都不能只听一方声音"。而这种编排形式,重视双方,两种声音都得到了反映,从而形成了一个气氛良好的"讨论场",听众不仅可以就本期话题继续发短信展开讨论,又能就采访的内容各抒己见,某种程度上就扩展了可讨论的范围,这并不是拼凑内容,反而是一种引导的尝试。这也是广播节目编排方面属于《一路畅通》的新尝试吧。

（三）节目编排中要有“闪光点”

激进者的声音认为“我们宁要不完整的新，也不要完整的旧”，这种说法明显欠缺考虑。抛弃传统就意味着千百年来被奉为处世哲学的道理被忽视，当人走向“空中楼阁”的道路时，失败就已经注定了。当电视诞生时，有人断言报纸将消亡，但时至今日，报纸还在顽强地在我们手中生存。广播要想在新媒体时代继续生存甚至进一步发展，创新是唯一的选择，但这种创新必须是建立在广播的公共服务本质属性的基础上。回到《一路畅通》，首先它必须是一个服务类节目，而这种“服务”在当今社会条件下是多方面的，“我的考本经历”其实也是一种服务。要想在路上真正的“一路畅通”，上路之前的事，一定要仔细谨慎，“能当上司机挺不容易，必须有一个成功的考本儿经历”，这件事不仅“今天要提提”，而且，也要把这种意识一直记在心里。而让人们注意这件事情，树立这种意识，正是这期节目的闪光点。

今日，社会节奏加快，人们的注意力也更加分散，我们无法要求人们牢记起某期节目的全部，但让听众感到“闪光点”，体会“闪光点”，最后形成每个分散受众心中自己的“闪光点”，应该是我们广播人应该努力的方向。

第二集　一路畅通:雪天行车公益广告

（本期节目获得 2007 年度中国广播电视学会主持作品“金话筒”奖。北京广播电视奖最佳主持作品奖）。

【片头音乐】

路况发布及时权威,新闻传递准确快捷,现场热线生动精彩,娱乐生活激情无限！欢迎进入我们的都市快行线《一路畅通》。

王佳一:北京时间 7 点 40 分,《一路畅通》现在开始,我是王佳一。

顾峰:大家好,我是顾峰。

王佳一:飞雪降浮尘,爽洁去烦燥,希望虽然有雪天路上行驶缓慢的状况,但是大家的心情能够轻松起来,因为很多朋友觉得,这场雪也是非常珍贵和可爱的。

顾峰:2211 说了,两位好啊,打开窗帘发现外面全白了,都说春雨贵如油,那春雪贵如什么呢?

王佳一:在 8 点我们连线北京专业气象台的时候,他们会给我们做一个专业的介绍。手机尾号 1490 的朋友说,雪花白银天上飘,地上银白铺满地,又见春雪,真是又一惊喜啊!

顾峰:1234也很早发来短信了:早春二月的最后一场雪,比油还贵呀。

王佳一:是吗?手机尾号2368他是这么说的:春雨贵如油,脚下慢给油,保持车距不乱并线,这样才叫油!

顾峰:这也是保证大家出行平安的一个好办法。

王佳一:不过我们先看一下眼前的路况吧。

【路况信息】(省略)

王佳一:我们再看指挥中心给大家的信息,受降雪影响,京石高速出京方向及从琉璃河处采取分流措施,怀丰公路河防口到汤河口路段,因为降雪临时封路,希望大家提前做好准备。

顾峰:大山子路口,中间车道发生了两车刮蹭事故,是一辆富康和一辆机场巴士,交警正在处理当中,大家一定要小心驾驶。

王佳一:哎呦,这赶飞机的朋友可怎么办啊,得急坏了吧?可千万要杜绝事故啊。在这样的雪天里行车,有很多新手们就觉得有点胆战心惊,老手们也倍加小心。所以我们大家应该相互提醒,相互鼓励,说出今天的话题。

顾峰:为雪天行车安全创作一条公益广告。

王佳一:可以用自己特有的表达方式,形成独特的语言风格,与大家的创作求同存异。我觉得这首歌应该是

男生唱,1337 发来两句歌词:

顾峰:(以《两只蝴蝶》的旋律唱)亲爱的,你慢慢开,有雪的天气我不会追尾,还行。

王佳一:追尾这个,改成追赶。再来一遍!

顾峰:(以《两只蝴蝶》的旋律唱)亲爱的,你慢慢开,有雪的天气我不会追赶。

王佳一:OK!

顾峰:OK! 太 OK 了!

王佳一:手机尾号 2211 的朋友也创作了一则雪天行车的安全公益广告。

顾峰:雪景很美,请大家慢慢欣赏。

王佳一:《一路畅通》祝大家一路平安。

顾峰:7391 他说了,一慢二看三通过。

王佳一:你好我好大家好。

顾峰:大家好才是真的好!

王佳一:手机尾号 2802 的朋友创作了一则雪天行车的公益广告,下雪天不开车。

顾峰:我的选择我喜欢。

王佳一:(笑声)就是。非常高兴大家能够发来这么多雪天行车的公益广告,简直是太棒了。你看 9678 说了——

顾峰:雪是白的。

王佳一:路是宽的。

顾峰:车是多的。

王佳一:司机的心是亮的。

顾峰:用老北京一句话,那简直是盖了帽儿了。

王佳一:真是不错啊。

顾峰:8178 说了,下雪了,天阴了,下雪了,路滑了,小心驾驶最重要。

王佳一:手机尾号 5133 说,距离产生美,开车也一样。

顾峰:2803,雪天路滑,少踩油门,少踩刹车,想想家人,想想他人。

王佳一:0327 说,雪天行车,速度、距离、路况一个都不能少。

【路况信息】

顾峰:得,说一下路况信息,京石高速河北段、琉璃河采取分流措施了,京津塘高速天津段和河北段封闭,北京段进出京方向都是正常的。

王佳一:提前做好计划和安排吧。今天,《一路畅通》和大家交流了一个话题,这个话题呢让大家都散发开了自己的创造力和想象力,9961 的朋友说了这么一则公益广告:

顾峰:雪天行车,慢!是硬道理。

王佳一:今天顾峰选择歌曲也遵循了一个字:稳!节奏比较轻稳。

顾峰:这首歌就叫做《不得不爱》。

【歌曲《不得不爱》】

【片花】

路况发布及时权威，新闻传递准确快捷，现场热线生动精彩，娱乐生活激情无限！这里是《一路畅通》。

王佳一：不加塞，不抢行。

顾峰：安全行车最文明。

王佳一：《一路畅通》欢迎大家继续收听，我是王佳一。

顾峰：大家好，我是顾峰。有很多朋友都在参加我们今天的话题，就是为雪天行车安全创作一条公益广告。

王佳一：创作公益广告的基础是大家心里面能有个谱儿，怎么走才算安全呢？这样才能提醒大家。

顾峰：有一个朋友发来一条短信说，慢待别人，让出安全，也给我们创作了一条公益广告。

王佳一：手机尾号 4008 的创作是，雪天行车，保持安全车距，宽打窄用，引擎制动禁滑行。你看每一则公益广告，都代表大家对雪天行车应该注意什么事项的理解。

顾峰：对！

王佳一：那么今天呢，我们也在《一路畅通》里面，交流一下在雪天行车到底应该注意什么，我们接下来就连线北京人民警察学院的汽车驾驶学校的校长柳石教授，请他给我们来一次全民的教学。

顾峰：柳校长您好。

【电话连线采访】

柳校长:您好,各位听众好。根据实验雪天路面摩擦系数要低于 0.2,而干燥柏油路的摩擦系数应该在 0.8 以上,那么也就是说雪天路面的摩擦系数比平常要低 4 倍,这样的话作为驾驶员朋友应该做到三个字,一个叫做慢,一个字叫做早,再一个要做到柔。所谓慢因为摩擦系数低,那么你车速就要比平常慢 4 倍。这样是保障安全的前提。特别是在这样湿滑路面的前提下,如果车速还是快的话,就很难处理情况,也就是说很难停住,所以一定要做到慢。早就是要做到早发现,早处理,早采取措施,要用脑子去开车。就是应该用自己的感觉器官去搜寻路面的各种情况,一定要用脑子分析将要发生什么,做一个预见性能力强的驾驶员。还有一条就是要往坏处想,就是往最难处想,这样采取措施和方式就是有必要、是及时的。另外,在操作上要做到柔,不要力量过大,或者过猛,柔是保证车辆平稳行驶的前提。

王佳一:您知道吗,柳教授,对您刚才所说的慢、早、柔,我们听众朋友在自己创作的公益广告里面都体现了,您听一下,4780 是怎么说的。

顾峰:雪天行车,乌龟的速度,猪猪的风度。

王佳一:(笑声)这个就是慢了是不是。

柳校长:对,他说得更形象。

王佳一:早,就是 0179 他创作的,说雪天行车,一切皆有可能。

顾峰:请慢行。

王佳一:然后就是柔了是不是?

顾峰:像 6743 真是挺柔的,温柔型的。

王佳一:我很丑,请不要追我。

柳校长:另外对驾驶员朋友有几个小提示,一个是雪天路面,路面的标识标线有可能被遮挡了,驾驶员朋友更应该注意周围的情况,防止因为路面的标志标线被雪覆盖以后,造成因为标志不清,发生交通意外事故。

王佳一:也就是说雪天如果走了自己并不熟悉的路段就更要慢了。

柳校长:要观察清楚道路情况。再一点也是非常重要的,驾驶员朋友上下车的时候,一定要把自己鞋底的积雪清理干净,防止你鞋底上粘有积雪,在操控和踩踏汽车各种踏板时发生打滑造成事故。第三一点就是在遇有上坡行车的时候,如果车辆发生打滑,驾驶员朋友可以使用高一档位行驶。如果还发生打滑,可以采取那种半连动、稍微有一些闯动的起步方法,这样可以有效地防止车辆上坡时打滑。

王佳一:半连动?

柳校长:也就是说俗话说半离合,加大向前的驱动力。

【采访结束】

王佳一:谢谢柳校长的介绍。我相信听完您的介绍之后,很多司机朋友都会按照您刚才所教授的,一步一步慢慢地去做,确保自己平安的。

顾峰:1003 发来一条短信,真的很有意思。

王佳一:哎呀,自从下雪开车慢了,我这心也不慌了,腿也不软了。

顾峰:神经也不那么紧张了,您听好了——

王佳一:雪天路滑,走慢点。

【歌曲《祝你平安》】

【片花】

路况发布及时准确,出行指南快捷高效,娱乐空间精彩纷呈!这里是《一路畅通》。

王佳一:天上雪花飞,地上开车不要追。

顾峰:天上雪花飘,地上开车不要超。

王佳一:慢啊!谢谢 7343 发来的公益广告,雪天行车公益广告的创作就是我们今天的话题。

顾峰:5661 说了,给你的爱车放一天假吧,乘公交上路,你会看到处处《一路畅通》!

王佳一:这是他创作的公益广告。再看一条路况信息,五元桥西向东目前行使缓慢,谢谢热心听众的提醒。

顾峰:5126 说了,雪天行车不要怕,保险公司是咱家。

王佳一:保险公司朋友听着,汗都出来了,可不能这样啊。如果是大家能够说好了是谁的责任,而且很明显的话,倒是可以快速处理,填完单子,但是一定要去保险公司,两个人拍照和受理。

顾峰:对,那如果出现了一些问题,及时拨打 122 来

报警,同时我们要提醒大家伙想了解首都机场航班的起降情况,可以随时拨打首都机场的问询处的电话——

王佳一:64541100,继续看大家创作的雪天行车的公益广告吧。7994 他是这么说的——

顾峰:雪是白的。

王佳一:眼是亮的。

顾峰:方向稳的。

王佳一:车速慢的。

顾峰:雪天行车。

王佳一:你做到了吗? 1122 这个短信实在是很浪漫。

顾峰:雪天好浪漫,但不要吻我哦,我觉得这女士说得更为合适一些。

王佳一:就这样吧,你说得挺好的。再看 4580,(说唱)洗刷刷,洗刷刷,雪天路滑,你不要把车开那么快,行车安全记在心里,你得要明白。

顾峰:继续看看大家来编辑雪天行车的公益广告。

王佳一:手机尾号 0588 的朋友说,雪天坐公交,明智又畅通。北京时间,9 点 01 分,下面为您演播一则公益广告——

顾峰:下雪天想开车出门,心有余而力不足啊。

王佳一:(学方言)拉倒吧,坐公交车。

顾峰:行啊!

王佳一:(学方言)下雪天坐公交车,谁坐谁知道。

【片花】

【路况信息】

顾峰:来了解一下路面上的最新情况,东部地区朝阳门桥到建国门桥的北向南方向车多,五元桥西向东方向是车行缓慢。

王佳一:刚才提到今天早上的事故也是挺多的,由于雪天路滑,可能控制速度以及方向不是那么准确了,另外还有一个原因,就是视线不是特别好,所以希望大家在行车之前一定要加满了玻璃水,以防止前挡风玻璃视线不好。手机尾号1217的朋友创作了这条公益广告——

顾峰:洗刷刷

王佳一:括号玻璃

顾峰:洗刹刹

王佳一:括号刹车

顾峰:雪天行车地球人都知道,我没有玻璃水了,特郁闷!

王佳一:赶紧加上吧,确保安全。

【节目小片头:快板】

"红灯停,绿灯行,黄灯要睁大眼睛,拥堵路段别着急,一定要保持好心情。大家来帮助大家,安全行车要文明。《一路畅通》没您还真不行!"

王佳一:《一路畅通》,没有听众朋友的热情参与不行,所以非常感谢大家帮助大家,我们的节目继续进行,我是王佳一。

顾峰:大家好我是顾峰,今天的话题就是为雪天行车

创作一条公益广告。

王佳一:先来报告一条好消息,然后再说。我们的华北高速监控中心的工作人员告诉大家,说京津塘高速现在全线开通了。

【路况信息】

顾峰:这是一条好消息,不过还是要提醒大家伙儿,准备去河北石家庄方向的朋友要注意,京石高速河北段,在琉璃河采取分流措施。而如果您要打算走怀丰公路也要告诉您,汤河口到河防口一段,因为降雪的原因临时封闭。

王佳一:开通也好,封闭也罢。都是为了大家的安全,我们衷心地祝您一路平安。

顾峰:1056 这短信真的是太好玩了!

王佳一:今年下雪不开车。

顾峰:开车只开扫雪车。

王佳一:你应该唱着来,你负责那唱的,我来那念的。

顾峰:(以"脑白金广告"旋律唱)今年下雪不开车呀。

王佳一:不开车呀,不开车。

顾峰:(以"脑白金广告"旋律唱)开车只开扫雪车呀。

王佳一:扫雪车呀扫雪车,可是你唱的那调不对啊。

顾峰:咱们变着点,要不人家说侵权。

王佳一:你得了吧,是你唱不准。手机尾号 7814 的朋友也来了一个,车好,嘿,刹车就好!

顾峰:您瞧准了,今儿可是雪天!

王佳一:慎用刹车。你应该把后面给加上,要不然今天雪天高兴了是吧。手机尾号 8964 的朋友,好像等着大家请君入瓮的感觉。

顾峰:我是汽车外科大夫,想到我这来吗?好,那你就只需要撒欢地开,我拿锤子等着了。

王佳一:别去那儿啊。手机尾号 8500 的朋友。

顾峰:来用春晓的声音。

王佳一:(学深沉女中音)车不动,心已远,雪天路滑。

顾峰:应该再粗一点。

王佳一:不行,嗓音条件不一样。你让我来这个还行。

顾峰:6877 说了:

王佳一:(学童声)叔叔阿姨慢点开,我害怕。

王佳一:手机尾号 7818 是改编了一下电影《手机》里的对白。喂,开车呢?

顾峰:嗯。

王佳一:下雪了。

顾峰:哦。

王佳一:不方便说话是吧,我说你听啊,慢点开,嗯,注意安全,答应我就——

(王佳一、顾峰笑声)

王佳一:你看我吸了一下鼻子,他亲了一下。手机尾号 9610 的朋友也创作了一则公益广告:顾总,今天下雪给客户打电话说什么?

顾峰:就说雪天路滑,请谨慎驾驶吧。

王佳一:挺好的。手机尾号2377的朋友是这么创作的:精确导航,安全专家!

顾峰:雪天行车《一路畅通》。

王佳一:注意安全,也要保养好自己的车,现在安定门桥以西的东向西方向就发现了一辆故障车,请后车注意避让,我们的216号信息员提醒大家,安定门桥以西的东向西方向有故障车,后车请提前避让。

顾峰:另外,再提醒大家一下,就是首都机场问询处的电话,有朋友还想了解一下,就是64541100,64541100。

王佳一:现在起降状况是正常的。

顾峰:同时我们也提供三大航空公司的一个咨询电话,国航的咨询电话请电脑报一下。

王佳一:(模仿电子音效)64599567。

顾峰:东航。

王佳一:64590367。

顾峰:南方航空。

王佳一:64540555。

顾峰:OK!6700说了,下雪路滑,保持车距,距离产生美,两位好啊,希望大家伙儿都能够注意行车安全。

王佳一:3018是这么说的,朋友们请注意,运动员朋友请注意,都灵冬奥会已经圆满结束,请您把喜悦的心情安全带回家。有一首节奏缓慢、旋律优美的歌呈现在我们面前,出现在我们耳边。

【歌曲《我很丑可是我很温柔》】

王佳一：我很丑请不要吻我，这是刚才一则公益广告词就这么写的，配合一下，顾峰同志给放了这么一首歌，（学方言）俺很丑，可是俺很温柔。

顾峰：来了，再继续点击大家的短信，刚才还有朋友说了，应该像范伟那种口气说，（学方言）安全，不忽悠！

王佳一：手机尾号 9081，大家慢才是真的慢。不一定该快的时候也慢啊，没什么车的时候，您时速也别 10 公里行吗？

顾峰：3175 说了，下雪了，天气凉，下雪别忘穿棉袄。

王佳一：得唱！

顾峰：哦，就是那个！

王佳一：（以《心中的太阳》旋律唱）下雪了。

顾峰：（以《心中的太阳》旋律唱）天气凉。

王佳一：咱俩不是一调，不在一调上，你自个唱。

顾峰：（以《心中的太阳》旋律唱）下雪了，天气凉，下雪别忘穿棉袄。

王佳一：（以《心中的太阳》旋律唱）下雪了，路滑了，开车千万别瞎跑。你看这调。

【片花】

路况发布及时准确，出行指南快捷高效，娱乐空间精彩纷呈！这里是《一路畅通》。

【路况信息】

王佳一：北京时间 9 点 17 分，《一路畅通》进入最后一个小时段，顾峰和王佳一还是先来报路况。

顾峰:东北桥下的辅路南向北方向是车行缓慢,有一个事故路段就在北沙滩桥以北。

王佳一:由北向南方向,两车刮蹭了,请后车注意。这是北沙滩桥以北的北向南,两车刮蹭了。我们不希望看到这样的事故信息了,所以希望大家保证自己的行车安全,我觉得最后一个时段特别不忍心和大家分手,这有太多特别精彩的广告了,没时间念完了。

顾峰:2721 这个挺有意思的——

王佳一:1234567,雪天开车不能急。

顾峰:要是着急不要紧,安全还得排第一。

王佳一:要是不听我的话,后悔您就来不及。

顾峰:再来看看 8055,我就像那一把火,一场春雪把火扑灭了。

王佳一:(以《冬天里的一把火》旋律唱)我就像冬天里的一把火,一场春雪把火给扑灭了。

王佳一:然后走在路上不再玩飘了,一慢二看,不然就悬了。

顾峰:雪是小的,路是滑的,车是爬的,脚是带泥巴的,开车要慢的,《一路畅通》要听的,顾峰是稳的,佳一是装小孩的,大家是平安的,迟到是不扣钱的。

王佳一:(学童声)3024 这位叔叔说的有真、有假、有虚、有实,千万不能全信,也不能不信。谢谢啊。

王佳一:7671 的朋友说,孙河这边雪越下越大了,请司机朋友注意交通安全,谢谢您的提醒。手机尾号 8032

把雪形容成天女散的花。

顾峰:天女散花,赏花别发呆。

王佳一:对! 开车一心一意,离合油门都慢抬。1685的朋友说,人民大会堂国宴用油,鲁花花生油提醒您注意早刹车,慢给油。

顾峰:4988,雪天行车,我能、故我在!

王佳一:这个挺好的,如果是新手,在雪天,可千万不要一次没开,就直接上路。

顾峰:3312 说了,下雪了,我想提醒司机朋友,十分把握,七分开,留着三分防意外。

王佳一:说得好。手机尾号是 3820 的朋友,多跟雪花亲热会,细细看来,慢慢行。

顾峰:8448,这雪天行车是有你有我也有他。

王佳一:(说唱)湿滑路段您千万别害怕。

顾峰:(说唱)保持车距,慢踩刹车,您心情才能保持最佳。

王佳一:(说唱)我们讲的是大家都安全到达自己的家。唱着说我们俩不会。

顾峰:最后终于给找着了。

王佳一:上不了那调。

顾峰:听听原版。

【片花】

【路况信息】

王佳一:这会儿已经是 9 点 23 分了,我们也给大伙儿放上我们《一路畅通》的结束曲《永远相伴》了，伴着这首歌我们报一下最新路况，现在东丰北桥下辅路，由南向北方向行使缓慢。

顾峰：白石新桥的南向北方向车多，而北部地区是知春路口以北，北向南方向车行缓慢，北沙滩桥以北的北向南方向，发生了两车的刮蹭事故，最后是中心城区。

王佳一：金鱼胡同东口的西向东方向车多，提醒各位注意行车安全，雪天一路平安的公益广告虽然发来的特别多，但是我们也只能是忍痛割爱了。

顾峰：1518，雪让轮胎的摩擦力减少，我们让车与车的距离加大。

王佳一：手机尾号是 0077 的朋友说：下雪天了，这种天气令你我都难把持自己，冷静啊。

顾峰：1730，脚下有冰慢点跑，你我生命最重要。

王佳一：6440 说，风雨送春归，飞雪迎春到。

顾峰：又见路面湿滑时，安全最重要。

王佳一：我们给您一个字，好！雪花还在慢慢地飘着，《一路畅通》就要结束了，我们衷心希望大家能够控制好自己的车，稳定好自己的情绪，在路上一路平安，到达自己的目的地。

顾峰：0938 的短信作为我们今天上午的节目的结束，美丽雪花带来美丽心情，美丽心情伴随美丽人生，为了美丽，请安全行车。

王佳一：朋友们，下午再见。

节目评析：

满足听众需求的技巧
——《一路畅通：雪天行车公益广告》评析

广播的公共服务功能决定广播要为公众服务，为公众提供有效的信息。《一路畅通》的路况信息是一个必选项，然而表现形式和表现手法则是具有可选性的。如何既能体现广播的公共服务性，又能够以丰富的形式加以表现和应用就取决于节目的思维方式、设计技巧。

这是一期临时策划设计的话题，源于那位没打招呼就前来拜访的雪花姑娘。

那一天，我们抛弃了早已准备好的话题，为特殊天气里出行的人们提供更加细致周到的服务。有雪的天气是寒冷的，当大家看到漫天飘舞的雪花，觉得寒冷但不得不打车车门开车上路去上班的时候，人们难免会觉得不悦和为难。而当打开收音机，温馨体贴的声音在耳边响起的时候，顿时就让人觉得感动，觉得全身上下被这样的语句温暖起来了。这样的效果的产生，是我们以服务为主要出发点进行考虑，准确掌握受众的心理需求来进行选题策划的一期成功的尝试。

（一）选题源于生活、高于生活

《一路畅通》每期的节目都有一个非常具有时效性和生活性的话题和切入点。这期节目的选题本身是为了要提醒雪天行车的人们要注意行驶安全。但又不仅仅是因为下雪而就事论事。我们两位主持人的演绎优势让我灵感突发想出了这个话题:《雪天行车公益广告》。这个主题既突出了节目的公益性,又突出了节目的为听众着想的定位。这样的方式,一方面使得播出的提示事项是清新温情、而不是生硬呆板的罗列事项;另一方面也使得听众在收听的过程中不至于觉得枯燥无味,而是在会心一笑的同时体悟到公益广告语中所包含的深意。

(二)巧妙创意激发听众参与的愿望,精彩短信接踵而至

“天上雪花飞,地上开车不要追。天上雪花飘,地上开车不要超。”那一天的精彩短信一浪接一浪,出乎我们的意料。听众热情的参与,一方面可以对节目的内容进行很好的补充和延展,另一方面更是升华了传播效果。另外,很多听众在听到这个短信的同时会向自己的亲友打电话说起,或者是正好和自己同时乘坐一辆车的同行人聊起;这样可以给枯燥的路途上增加话题和谈资,可以拉近人与人的距离;而在传播的过程上来说,也是达到 N 次传播的演绎,节目从电台到听众是传统的第一次传播,听众发来短信进行了反馈,而短信在节目中播出后又被传播出去,反复地传递,达到了极好的互动和分享的效果,所以说这样制作出来的节目才深得人心,对听众具有极强的吸引力,也正是这样的节目,不仅在传播方式上取得了突破,更重要的是达到了极强的传播效果,也丰富了传播的形式。

(三)专家的声音提升节目的权威性,与听众短信遥相呼应

在引用大量观众的公益短信的同时,本期节目中还穿插了电话连线,请到了北京人民警察学院的汽车驾驶学院校长柳石教授为大家进行了一次全民教学,给大家介绍雪天行车的注意事项。这样的设计非常成功。一般来说,在很多的新闻节目当中都会应用到对某行业和领域的专家连线,专业的解释会让节目显得尤其的权威和可信。然而作为定位在给在路上的乘客和司机听的交通广播是不适合大量的长篇累牍的专业性访谈的,这会让路上拥堵的听众一下子就产生了厌烦情绪。在这期节目中,针对专家的电话采访有效地对公益广告语的生活话的语言和不专业性的归纳进行了补充,与听众发来的短信形成了良好的互补。节目主题既有理论基础分析,又有生活化语句的描述和归纳,使理论与实际互补互动,专业与业余相得益彰。

另外在与柳教授连线的过程中,我们还是按照自己的风格来提升了访谈的可听性。柳教授提到了驾驶员应该做到的三个字"慢、早、柔",我们及时地将听众的短信与教授的介绍进行了绝好的穿插。比如"雪天行车,乌龟的速度,猪猪的风度。"我很丑,请不要追我。"分别用来诠释"慢和柔"。这样的语言配搭使得在路上行驶的听众放慢了车速,自然而然地做到了雪天行车的要求,加深了对行车技巧的理解。"

(四)针对短信的精彩演绎让节目极具可听性

在这一期的节目当中,我们对于短信的出色演绎也博得了听众和专家的喝彩。比如用歌声演绎的“亲爱的,你慢慢开,有雪的天气我不会追赶”这句,让听众在会心一笑的同时也潜移默化地被灌输了雪天慢开车、勿追赶的规则。

这样的演绎在一路畅通的成功之中扮演了非常重要的作用,主持人的生动或者悲情的演绎使得原本没有生命力的简单的短信变得非常的生动和活泼,让原本生动平实的短信跃然而上,顿时活了起来。而对于节目节奏的把握跟控制方面以及歌曲的选择上面,我们也是颇费心思,比如选择“祝你平安”的歌曲,顿时将听众带入温暖贴心的环境中,因此在寒冷的雪天放这样的节目必然是打动人心的。

将本色的生活进行还原后反而显得更加精彩,充分体现了在保证内容的基础上,节目形式的重要性。

第三集　一路畅通:他的心像什么

【片头音乐】

这里是大家帮助大家的《一路畅通》。

罗兵:当太阳出来的时候,一扫了天空的阴霾,当一路畅通出现的时候,我们希望能够一扫您心中的不快乐。

王佳一:欢迎大家收听北京交通广播《一路畅通》温馨笑容版,我是王佳一。

罗兵:大家好,我是罗兵。手机尾号 2368 的朋友说了,下了班看晚霞,听听 1039 带着快乐心情回家,不抢一秒平安一生。

王佳一:0037 说,我的妈呀,京 HP××××没有刹车灯,在长安街上呢。如果还有什么情况,请您打一个路况信息专线 65289999。(稍加停顿)经历了紧张的一天,结束了忙碌的工作,今天下午让我们随心所欲地说一个稍微有一点没谱儿的话题。

罗兵:《他的心像什么》

王佳一:他的心像什么,他是谁呀?

罗兵:他是谁都行,家人、朋友、爱人、同事、商家、店家、理发师、警察。

王佳一：有人问了，那心呢？都说人心难测，人心易动，我们就说说水平线上你能看到的和感受到的吧。

罗兵：对，说说你对他的认识，表达你对他的情感。

王佳一：主题就是《他的心像什么》。

罗兵：举一个例子，他的心像石头，太硬，说什么都软化不了。诸如此类的，他是谁请您自由发挥想到谁就是谁。

王佳一：让我们尽情地通过文字赞他一回，发泄一下。

【片花】

这里是大家帮助大家的《一路畅通》。

罗兵：心花怒放，心心相印。今天在我们的短信平台上，在我们的一路畅通中，我们看到了这么多热烈、火热的心呐。

王佳一：确实是我们在提示当中所说的，让我们尽情地通过文字来赞他一回，发泄一下，有表扬有批评。

罗兵：今日话题《他的心像什么》。7772 说了，他的心像太阳，那是亲爱的毛主席。

王佳一：（学唱）敬爱的毛主席，我们心中的红太阳。

罗兵：8777 说了，她的心就像小孩想干什么就干什么，从不想别人，怎么办呢，都当妈妈的人了。

王佳一：一颗单纯善良的心多么珍贵呀。

罗兵：1397，我们劝您以后别这么表达快乐，听起来太极致了。

王佳一:我明天要郊游了,我们快高兴死了。

罗兵:您就说我太高兴了,不就完了吗?

王佳一:嗯,我们理解。

罗兵:7744 说,我车子的心是发动机,听它的声音那叫一个痛快。

王佳一:行驶在定慧寺桥上的发动机,可能就不是那么快乐了,那儿车多走得慢。

罗兵:3996 说,我自己的心就像菩萨,因为我太善良了,这可是公认的,例子一言难尽。真的。您的例子是说也说不尽吧?

王佳一:就是,要是一言难尽就不是菩萨心了。6594 说,他的心像任贤齐唱的歌《心太软》。

罗兵:来点硬歌。

【歌曲《一个人两个人》】

罗兵:一个人,两个人,三个人,十个人,三十个人,三百个人,三千个人,这些人现在都是在车里,正忍受着堵车之苦呢。

王佳一:0337 说了,他的心像豆腐,很柔软。

罗兵:6250 说了,我的老公心像海绵,因为对于我的过去他只听取劝说但是从来不发表意见和不满,因为他爱我,接受我过去的一切,在这里我要谢谢他。

王佳一:包容的心呐。

罗兵:6250 说,真是好福气。5260 说了,他的心像煤球,黑!真黑!我估计说的有可能是管他的人。

王佳一:说老板呢吧。

罗兵:有可能。2997 说了,他的心像煤炭太黑,黑心小贩,买五斤给四斤。

王佳一:(学唱)心儿一个黑黑黑。

罗兵:(学唱)心儿一个黑黑黑。

王佳一:你说这俩幸灾乐祸的太不像话了。

罗兵:心儿当然不能黑了,都是红的,刚才有朋友说,你们说的太乱,心不像别的,就像桃,人家王佳一眼睛太好了,说说吧,你看成啥了?

王佳一:心怎么能像核桃呢?

罗兵:9321 说了,他的心像风潮,每个单元都能放下一个人。证明他心里边有别人了。

王佳一:有很多很多需要他关注的。

罗兵:3895 说了,她的心像一个密码箱,我用两年的时间楞没有得到密码,怎么办?只能改密码。

王佳一:能改也行,有本事。4933 说,我女朋友的心,她是心如蛇蝎。

罗兵:心如蛇蝎都出来了?

王佳一:那你是她男朋友?难不成你是五毒教的?

罗兵:我估计是用词比较激烈,爱之深责之切嘛。以后别这样了,用一个透明的东西《玻璃杯》送给你。

【歌曲《玻璃杯》】

罗兵:5176 说了,我是一名中学生,一直想要一只可爱的小狗，可是我爸爸就是不给我买，所以爸爸的心像玻璃，表面看着坚硬，可他是纯净而且容易破碎的。

王佳一：那就配合他一下。5502说了，我的心像天山的水，太善良了，有的时候自己都受不了自己这一点，总想着自己是不是有点傻呢？

罗兵：要说您心真纯净，只能这么说了，这首歌也送给你吧，它的名字叫做《玻璃杯》。刚才有的朋友说，王佳一，你的歌唱得不错呀？

王佳一：真抬举我。

罗兵：这首歌不是王佳一唱的，演唱者的名字叫曹惠娟。

王佳一：新生力量，甜美可人啊。

【路况信息】

罗兵：这些为我们提供路况信息的热心听众，心都是火热的，《他的心像什么》就是我们今天的话题，刚才有一个朋友跟我发来短信，短信里非常激动地说。

王佳一：应该是男同志说，你非让我学男同志。激动地说，（学男生）我的娜娜心像温暖的双手，在工作和生活中细致地呵护着我，我感动我幸福啊。

罗兵：2140的短信被你读得一点都不激动。

王佳一：你再来来，激动地说。

罗兵：我的娜娜，心像温暖的双手，我不能再读了。5152说了同事的心，同事李伟大家有事都喜欢跟她说，是个热心肠的女士，她的心像暖炉。9921说了，我妈妈的心

像一个弹簧,因为在我犯错误的时候每次惩罚我以后都心疼我,我现在长大了,想起那个时候我妈妈可真是不容易。

王佳一:估计你妈要是看见你这条短信之后还得教育你一下,那个“时候”你写成果实的实,后面的后。

罗兵:我们后面是路况信息。

【路况信息】

罗兵:今天不是说了很多的心吗?这一颗颗火热的心,别说还有各种色呢,我们还看到了一个又红还有点透明的,2267 他媳妇的心。

王佳一:别说,他写的、描述的、形容的、还真挺有那么点儿劲。我媳妇的心,樱桃,又红又半透明的那种,可爱吧,最关键的是小(心眼)。

罗兵:4142,妈妈的心像钢板,我的要求一次不同意,两次不同意,多次后才能同意。

王佳一:她得知道你确实有那个愿望才能同意。

罗兵:而且跟你逗呢,增加你们之间的了解次数。

王佳一:沟通和交流,她在不同意的时候你劝说她的过程,能表达出你自己很多的想法。

罗兵:所以总是能等来的。7718,罗兵你的心像石头,就是不念我信息。我写了一个特别好笑的车牌,591RMB。

王佳一:也就是“我就要人民币”的车牌,自定义车牌。手机尾号 7466,我的心像空调,热天凉爽,凉天温热,关心备至。你说如果路上每一位司机旁边都坐着这么一位空调的话,就不用咱们俩胡说八道了。

罗兵:刚才有位朋友说,别说我认识人的心真挺像你们说的广告的,五花八门,什么都有。拥堵的时候就希望那灯永远是绿的,当然是通行顺畅的情况,但是看到那灯3758有话说,我们老板的心就像黄灯,老是闪着,也不知道是变红灯还是变绿灯,真是难琢磨。

王佳一:挺不容易的。

罗兵:有人心细,就喜欢琢磨。3215说了,他的心就像拼图,可以拼成很多块儿,明儿他就走了,帮我说声保重吧。

王佳一:珍重朋友。

罗兵:还有更难琢磨的呢,刚才我还看见一条短信,那条短信说他的心,谁的心咱们不知道,就像谜语集。

王佳一:这是7212发来的,他的心像谜语集而且内容经常更新,有些我能猜对,有些不能,不过猜的过程也是一种乐趣。

罗兵:一看就是有自信。

王佳一:自得其乐嘛。9792说了,他的心就像四季,春柔夏热,秋黄冬凉,我只不过说错了一句话他就不理我了,我郁闷得一塌糊涂。主持人帮我说句抱歉吧。

罗兵:尾号8939,别变得那么厉害、这么勤。

王佳一:要不给您吃点什么好吃的,一定得是保鲜的。3991说了,他的心像荔枝,剔透香甜,不过三天就变味了。

罗兵:那别了,还是火腿肠吧。9595 说了,它的心像火腿肠,只要一说“火腿肠”这个三字,准跑过来,这可是它的最爱,比叫它的名字还好使呢,它是我们家三岁的京巴。

王佳一:可爱。2591 说了,我爱人的心像狗熊,我就是那个棒子(玉米),自从有了我们闺女之后我就被他扔一边了。

罗兵:疼小孩的人是最有爱心的人。

王佳一:手机尾号 3880 说了,我的心像一面湖水般平静。

罗兵:4558 说了,他的心像丝绸一样细腻。

王佳一:2996 说了,他的心像杯子,看你装什么。

罗兵:7747 说了,他的心像云,总是飘忽不定。

王佳一:5668 说了,他的心像一颗定时炸弹随时有爆发的可能。

罗兵:那还是像大海吧。3724 说了,他的心像大海,因为他是我爸爸,祝他生日快乐。

王佳一:祝大海生日快乐。4844 说,他的心像泉水一般清澈灵动,像太阳一般明媚温暖,像我一样善良。那是我老婆。4525 说,他的心像南极的冰山,他不会笑,融化不了。

罗兵:很多人还觉得这样挺酷的呢。5680 说了,他的心像不倒翁,没谱得很,人就更不一样了。

王佳一:念他的名字。

罗兵:于小涛!

王佳一:他听不到。(笑声)

【路况信息】

罗兵:当行驶缓慢的时候咱们就想一些快乐的事情,一直向前走,但是一定要平安向前。

【歌曲《走向前》】

罗兵:走向前,向前走的时候还真得注意一下,这歌的名字叫做《走向前》,但是有位朋友现在挺伤心的。0711说了,我的女朋友借了情敌的钱,她说她的心只属钱,我有点郁闷。我觉得沟通交流非常的重要。

王佳一:她那是气话,你好好跟她说,别一听到这个消息不分青红皂白,一顿训斥,她当然说气话了。

罗兵:对,有可能她有她的难处。

王佳一:接下来你再听听我们念很多朋友说他自己身边的家人、朋友、同事或者是遇到的人的美好的心,然后就能平复下来了。

罗兵:6495说了,我爱人姓周,是60年代的独子,父母早逝,所有问题自己扛,他的心就像钢,我和儿子称他为钢铁战士。

王佳一:6411说,我的心像钻石,他的心像镜子,所以他的心里永远有我这颗钻石。

罗兵:真是,好多短信都是那么温暖。我们现在也要送温暖。7444说了,我老公昨天刚刚换完心脏,现在还没

脱离危险期呢,祝他早日康复。我们祝愿你的老公身体健康马上康复。

王佳一:2191 说,我女朋友的心像百合的蕊、纯洁、芳香、善良,她像一个小天使,就像她的工作。

罗兵:但是真有人埋怨我们了。2737 说,主持人你们的心就像老虎机,发那么多信息一条也不读,只吞进去呀,没什么反馈,我郁闷呐。

王佳一:你看念完了不是,吐出去了吧?接下来我们不做任何评论,把大家精彩的短信多念一些。手机尾号 7604 说了,我男朋友是当兵的,他的心像一团火那么热。

罗兵:5328 说了,我的心就像阿拉伯数字那么清楚,他的心就像甲骨文,神秘着呢。

王佳一:6085 说了,他的心像我的镜子,我的心像火球,常常热情得让他受不了,我们都结婚好几年了,他心情一不好多半是因为我太过分了,我会反省自己。

罗兵:0826,他的心像豆芽,我说的是我肚子里的宝宝,他才两个月大,但是我希望他长大之后心就像大海一样,跟他爸一样包容我们宠爱我们。

王佳一:8055 说了,我正在车上听你们节目呢,所以我问我老公,我的心像什么,老公说,我的心就像他的心,心心相印嘛,告诉他我永远爱他。

罗兵:我不得不评论一句了,真会说话。

王佳一:而且好多好多朋友,刚才很多话是不是没听

清楚啊？因为有些短信一定会让他产生很多联想，太温暖、太感人了。

罗兵：嗯，不说了吗？大家其实都挺会转词的。4055说了，佳一，你刚才说的转字怎么写？我们一车上人都不会写，还包括俩博士生呢。

王佳一：你看，其实简单的很嘛，就是晕头转向的转。

罗兵：对，这转字还有一个发音就是转，转文，字典里是这么说的：他平时好转两句。其实我们俩也是刚查的。

王佳一：（笑声）所以俩博士生不认识也是很正常的。我们原来都以为是提手旁那个拽人的拽呢。

罗兵：没有，我以为是足字旁那个。它还有另外一个发音，我们先不说这个事了，路况信息需要我们再次提醒大家了，一起来听一听吧。

【路况信息】

罗兵：现在是北京时间 18 点 49 分，您听到的节目是一路畅通，现在已经进入了最后一个小时段，我是罗兵。

王佳一：我是王佳一。刚才大家可能听到了要给出租车司机吴师傅的孩子吴雨菲捐款的事情，小雨飞是得了白血病，如果有朋友愿意伸出援手的话再次表示感谢了。

罗兵：我相信生活当中碰到很多很多事情需要别人的帮忙，这些人就是我们通常老说的热心肠。

王佳一:那天去聚会的时候,他们问我,交通台的听众都是一些什么样的人?我说他们非常非常有热心、爱心而且是勇于把自己的一份努力能够奉献出来的人。

罗兵:是,而且心肠都挺软的。5882 说了,我老婆的心像刺猬,对别人真是防备,说实话那是保护自己,真正的心特柔软。

王佳一:是,大家很多朋友都有金子般的心,关键时刻真能伸出援手能拽他们一把。

罗兵:现在很多朋友伸出了援助之手,在此我们表示谢谢。5218 说了,我们家领导的心对我儿子那像火龙果一样,对我像牛油梨。

王佳一:牛油梨是什么梨?你吃过吗?

罗兵:不知道,吃过我也不知道是什么。

王佳一:1166 说了,他的心像卷心菜,包得很严,不过还是被我吃了。这个能理解。8720 说了,他说他的心是牛粪,给我这株小花提供养分。我俩配合得多好啊,肯定说。你心像什么?

罗兵:牛粪!

王佳一:为什么呀?

罗兵:给你这颗心提供养分。(笑声)

罗兵:是比喻得有点糙,可是理儿挺实在。8971 说了,他的心就像双面贴饼子,外面硬,里面粗。

王佳一:刚才还有一个朋友说了,他的心就像月亮。

下一句是初一十五不一样。(笑声)

罗兵:8282写的短信大家一听就明白。我们同事的心像春风,我病了,他们又是短信又是电话的安慰我,这不马主任又来电话了,我心暖呐。

王佳一:马主任,你把8282病中的同事影响得多好呀。

罗兵:我们也希望永远和大家相伴,这颗心永远是火热的。

【片花】

王佳一:一直都说啊,在一路畅通当中,大家都像一家人,只不过所在的地点不一样,在不同的地方用手机短信的方式聊天,一家人在一块聊天,既然说了是一家人一定要互相谦让一点,一不让就出事故。

罗兵:牡丹园路口由南向北方向,三车剐蹭又发生了,晚高峰马上就要结束了,大家别太急了,有急事如果真的被堵在路上,我们还是打一个电话通知对方一下,但是开车的时候,一心急就容易出事故。

【路况信息】

罗兵:今天的一路畅通就到这里了,非常感谢大家的支持和配合,今天的短信《他的心像什么》,让我们看到了一颗颗火红的心。

王佳一:让我们觉得生活充满了温暖和幸福。

罗兵:让温暖和幸福继续,让今夜的夜晚更加愉快,好了朋友们,再见。

节目评析:

幽默可以成为一种节目风格
——《一路畅通:他的心像什么》评析

这是一期下午版的属于情绪转移、疏导服务的节目。晚高峰,北京交通最为繁忙。这个时段收听我们节目的听众,是忙碌了一天还要承受过于“脆弱”的北京交通的“折磨”的人们。他们迫不及待地听到有人提供最准确的路况,需要有人给他们最轻松的调剂,也需要最及时的发泄和温柔的倾听。《一路畅通》努力给听众这方面的帮助和服务。八年来,我们的节目一直遵循“亲民”的风格,尽量选择可以让大家打开话匣子的话题。满足听众说一说、笑一笑、想一想的愿望。事实证明:群众的力量是无穷的,我们的想法是正确的。

(一)良好开场,选题幽默

《他的心像什么》是《一路畅通》温馨笑容版的一期节目。这个被我们戏称为“有点没谱”的话题,却充分调动了大家的“表达欲”,让说的人轻松,听的人快乐。

他的心像什么?这样的题目看似无厘头,却带出了许多平日采访都未必能采访到的素材。他可以是周围的任何人,无论是亲近如己,还是萍水相逢,只需要说说感性认识,自由表达一下对他的情感。女朋友很体贴,幸福;受到同事的关心了,感动;老板又压迫劳动力了,郁闷;被缺斤少两的小贩骗了,生气……酸甜苦辣咸,生活中的诸多小感慨就这样被表达了出来。其实绝大多数人日常的生活就是如此真实而平淡——谁说节目非得气势磅礴、选题宏大呢？可以还原真实生活且带给人快乐的节目才是真的好节目。

（二）抛砖引玉，短信幽默

话题抛出，短信发到。令我们惊喜和赞叹的是听众的幽默。许多听众的回应十分精彩：他的心像谜语集而且内容经常更新，有些我能猜对，有些不能，不过猜的过程也是一种乐趣；他的心就像四季，春柔夏热，秋黄冬凉，我只不过说错了一句话他就不理我了，我郁闷得一塌糊涂；他的心像卷心菜，包得很严，不过还是被我吃了；主持人的心就像老虎机，发那么多信息一条也不读，只吞进去呀，没什么反馈……这些表达任谁听来都会哈哈再哈哈。

或许有人会觉得这样的题目很偷懒，好似把绣球抛给了听众，殊不知这看似简单的题目可不是谁都做得来的。听众不会愿意和一个陌生人谈这些，只有面对熟悉的人才会比较容易敞开心扉；能让这么多人敞开心扉，就只有有着广泛群众基础的人了。在许多听众心中，我们是他们的好朋友，如同每天要见面侃大山的哥们、姐们，说到一个话题就可以滔滔不绝，才会让两个多小时的节目“笑料不断”。

（三）磁场独特，评点幽默

而我们针对短信的态度和点评也在配合幽默的磁场。一些看似随意或即兴的话语其实有巧妙的用意。比如,听众说:我车子的心是发动机,听它的声音那叫一个痛快。我们迅速用刚刚接到的路况信息回答:行驶在定惠寺桥上的发动机可能就不是那么快乐了,那车多走得慢。衔接很巧妙。节目的最后,我们说:在《一路畅通》当中,大家都像一家人,只不过所在的地点不一样,在不同的地方用手机短信的方式聊天。一家人在一块聊天,既然说到了是一家人,一定要互相谦让一点,一不让就出事故。温暖的话语后不忘提醒,这样的温情听众不可能不买账。

又比如听众说:她的心像一个密码箱,我用两年的时间楞是没有得到密码,怎么办?只能改密码。话语中带点调侃的无奈,我们就模仿着听众的风格说:能改也行,有本事。又一听众说:我女朋友的心,是心如蛇蝎。我们说:那你是她男朋友,难不成你是五毒教的?幽他一默也提醒他——蛇蝎心肠是不是你惯的?这点点滴滴的话语反映的都是主持人的随机应变的能力,也包含我们自己的处世态度和人生智慧。

(四)轻松生活,平和心态,何妨幽它一默

做节目需要有认真的态度,但是面对生活中的许多小事我们可以难得糊涂或以幽默心对待、化解,甚至幽它一默。好的节目平台可以给听众打开很多扇窗,让原本看似山穷水尽或灰暗的生活忽然柳暗花明。好的主持人就是那个打开窗户的人,前提是他或她是一个可以看见窗外风景的人,才可以引导听众打开那扇窗——《他的心像什么》应该做到了这一点。

第四集　一路畅通:心手相连,抗震救灾

(本期节目获得2008年度上半年北京人民广播电台主持作品最佳奖)

【片头音乐】

贴心、关心、沟通你我,爱心,帮助他人,贴心关怀,诚心奉献,这里是《一路畅通》。

资讯之声,音乐之声,一路畅通随声而行。《一路畅通》现在开始。

【歌曲《心手相连》】

王佳一:坚强在我们的心中,勇敢在我们的心中,胜利在我们的心中,敬仰在我们的心中。《一路畅通》欢迎大家收听,为您服务的两位主持人是顾峰和王佳一。

顾峰:有很多朋友还在关注地震灾区的灾民朋友到底怎么样?那我们来了解一下,自从5月14号下午4点40分北京市消防局329名救援官兵抵达四川广元市青川县官庄镇之后,迅速分赴四周四个乡展开了救援工作。截止到昨天早晨的8点23分,一共救出被困群众627人,救助重伤员18人。目前,前方的队员没有受伤的情况,但

部分消防官兵出现了感冒,已经由医护人员进行了救治。

王佳一:627 条生命因为他们的到来而得以重生,谢谢这些消防官兵,谢谢我们的英雄们,也希望他们能够早日康复。

王佳一:6587 的朋友说,我真希望自己是个兵,能为灾区人民做出贡献。

王佳一:我们在这里也可以为灾区做出贡献,做好自己的本职工作,尽自己的努力捐款捐物。

顾峰:现在时间是 17 点 16 分,我们也来报道一下,在今天的 18 点 10 分到 18 点 30 分,我们北京交通广播将会继续和四川交通广播进行并机直播。如果你想通过我们的节目,对四川的同胞们说句什么样的话都可以发送一条手机短信过来 106695881039。如果大家想通过我们的电波,寻找失散的亲人或者是朋友,也都可以发送一条手机短信过来。

王佳一:尾号是 3401 的朋友说,每天看报道都会流泪,昨天就想起这样一句话,天将降大任于中国人也。

王佳一:是,经历了磨炼的人会成熟,会长大,会更坚强,会更勇敢,会更团结!

顾峰:接下来我们联线的是重庆电视台新闻中心的主持人陈立。这两天,陈立也在重庆卫视向大家传递着抗震救灾前线的消息,陈立你好。

【电话连线采访】

陈立:你好顾峰,你好佳一。

王佳一:你好,这两天做节目的时候,你一定感受到了很多来自灾区朋友的心情以及我们抗震救灾一线朋友的那种努力了吧?

陈立:感受得很深,说实话。从前天开始,前天连续有八个多小时的直播,今天又接班,大概做了四个半小时的直播。每一分钟,每一秒钟都很难熬。不是指自己坐着无法动弹难熬,确实是心里很难受,因为耳朵里面听到的是来自于地震受灾地区的这样一些让人很揪心的消息,眼睛里面看到了很多让人很震撼的画面,无法用语言来形容,无法用语言来表达。

顾峰:那这次抗震,我们很多的朋友都到了一线,我们想问一下重庆那边的情况到底怎么样?

陈立:在5月12号的14:28发生地震之后这边受到了余震的波及,主震区这边还稍微安好,但是良平县有两所小学受到地震的影响跨塌了,有孩子失去了生命。

顾峰:这些景象都是我们不希望看到的,但是我们现在应该正确的面对,就像温家宝总理在讲话当中说的,只要有一线希望,我们就要付出百倍的努力。其实,昨天我也是通过重庆卫视,看到你和你的同事杨熙在通过他们在前线拍回来的画面给我们每一个人讲述着每一个画面当中的故事,我们也特别想通过杨熙来了解一下,杨熙就在你身边对吗?

陈立:对。

顾峰:向我们讲述一下你的采访过程。

杨熙:我们13号下午4点从重庆出发的,去的地方就是绵阳、江油和北川,给我印象最深刻、画面最震撼的就是北川县城了,房屋都已经倒塌了,但是废墟里面还有很多鲜活的生命。当地群众自发地在组织这个营救,我们赶往灾区的各个地方的陕西的、昆明的,重庆的、就是消防官兵武警战士还有公安特勤他们全部投入了生死大营救。有一所职业中学的教学楼还有宿舍楼倒塌了,下面还有十多名学生。那个时候距离地震发生已经超过48小时了,但是他们还有着顽强的求生的信念,一直传出他们呼救的声音。当时,我们拍摄画面的时候北川县城还在发生余震,他们是花了一个多小时,把那个女学生从废墟堆里救了出来,她被埋了50多个小时。在营救的一个小时过程当中北川县城就发生了三次比较明显的余震,救出来之后,因为北川县城里面的路基本上都已经不成为路了,有些原来的公路桥或者是路面要么坍塌要么就是有一个大的豁口,所以把这个女学生从废墟当中救出来之后,大家就用门板做了一个简易的担架抬着她走出去,走出去的路程并不长,但是他们花了整整一个小时。面对突如其来的自然灾害人能够焕发出来的力量也是相当强的,一方有难,八方支援。

顾峰:好的,谢谢杨熙。通过你亲身的采访经历向我们北京的听众朋友讲述了北川县城里面的事情。好,再见。

杨熙：谢谢。

【采访结束】

王佳一：谢谢顾峰对他们的采访，刚才我出去打了一个电话，连线了一下中央人民广播电台的一个记者叫周强，今天早晨我们说道一个母亲埋在废墟下，我们很多记者救援人员在救她的时候告诉了她关于她女儿的情况，她的女儿是为了救学生而牺牲了的一位老师。非常不幸的是，母亲也去世了。记者周强是亲历了整个这么一个过程，并且在身边一直陪着老人家聊天的也是他，下面我们请周强给我们介绍一下当时的情况。

【电话连线采访】

顾峰：周强你好。

周强：主持人你好，听众朋友大家好。

王佳一：虽然，你一定是不愿意回忆那段过程那段经历，但是我们还是希望你能够帮我们介绍一下你所采访到的和感受到的故事。

周强：实际上，刚才主持人说的这些话，正是我心里想的，刚才当我知道要和交通台连线的时候，我真的是不愿意再回忆起那样一段经历。在这里，首先我非常感谢咱们北京交通台，还有所有听众朋友对中央广播电台"中国之声"前方记者的关爱。说起那件事情，它虽然是发生得并不是很遥远，也就是昨天的事情。但是，我真的希望别让我再去想起它，因为最终我们没有能够把我们想救的人救出来。当时，昨天天刚亮的时候，我还是像以前一样到灾区去看、去采访。结果走到一处倒塌的楼前的时候我看到了那位老人,实际上在此之前已经有很多人想办法想去挽救她的生命。那栋楼已经塌了,楼底下有一个洞,从洞里我们能看到她的半截身子露在外面,然后下半身完全被预制板紧紧地压住,看到这种情况以后,我心里当时非常地着急,因为她还活着,我希望她能够出来。

王佳一:你到现场的时候救援工作已经在进行吗?

嘉宾周强:没有,因为先头部队进去的时候他们的工具都很简陋,只有铁锹和铁镐,靠这些东西肯定是救不出她的。所以他们前期做过几次尝试以后,都没有能够成功。可能需要救的人很多,可能只能暂时先选择救一些容易被救出来的人。

顾峰:嗯,当时你到现场的时候,这位老妈妈的神志还清醒吗?

周强:她是清醒的,很清醒的。

王佳一:(哭泣)于是你留下来陪她聊天,陪她走过最后一段路对吗?

周强:(停顿很久)是的!

【歌曲《让世界充满爱》】

周强(强忍泪水)叹息了一下。

顾峰:其实,这样的事情、这样的景象,我们都是特别不希望看到的,但是我们必须要正确面对,作为记者来说,在前方也看到了这样的景象,我想对于这位老人来说

在这个世界上停留的最后几分钟、几秒钟还有我们的记者,还有我们的武警官兵,还有人民解放军在她的身边。(嘉宾周强在哭泣)

王佳一:(哭泣)周强,虽然老妈妈没有对您说谢谢,但是我们要对你说声谢谢,至少,她离去的时候不是孤独的。

周强:她是一位伟大的母亲。当前面几位搜救人员几次尝试救她的时候,她选择了割腕自杀,她不愿意让更多的人耽误更多的时间去救她。(嘉宾在抽泣,主持人王佳一在哭泣)所以,当我看到她的时候我就赶快去把医务人员叫来,先把她的伤口包扎好,然后我就跟她说,我说你一定要活下来,因为你的女儿已经牺牲了,她是为了挽救映秀小学的 13 名小学生而牺牲的。她的女儿是一名很年轻的教师才 28 岁,地震发生的时候,她没有选择自己逃生,她是想到了自己的学生,因为地震发生的时候是下午两点多钟,那时候所有的学生都在教室里上课,地震发生了以后,她整整挽救了 13 个学生的生命。当搜救队员把她从废墟中找出来的时候,她的左手和右手还紧紧地抱着两个孩子,其中的一个孩子已经遇难,另一位孩子很幸运地活了下来。

顾峰:当这位老妈妈知道自己的女儿是为了救自己的学生遇难的时候,她说了些什么?

周强:(控制情绪)当我跟她说起这件事情的时候,她说(再次哭泣),她的女儿是一名老师,这些都是她应该做的。如果她独自逃生出来,那就不是她的好女儿。

王佳一:(哽咽)就是因为有这样好的妈妈才会有英雄的女儿。

周强:所以我就跟她说,虽然你的女儿已经牺牲了,但是她还有一个一岁多的孩子,如果说你放弃自己的生命那么就意味着你的外孙女就会成为一个孤儿。(停顿)老妈妈想了好久,然后她很坚定地跟我说,她说,我要活下去!我一定要活下去!当时,我就爬在那个洞里一直陪着她跟她说话,鼓励她一定要活下来!

顾峰:好的,谢谢周强。

王佳一:周强。

周强:不,我还没有说完。当时,由于她重新唤起了生的希望以后,我突然感觉到她有了非常非常顽强的生命力。但是很不幸的是,就在我们找搜救队员对她进行抢救的时候,这时候余震发生了。余震发生的时候,很多碎砖头落了下来,也落在了我的身上,但是我没有感觉到。因为在那一刻我的眼睛距离她的头部只有一尺的距离,我看到压在她身上巨大的槽形板又往下落了一下,(王佳一在哭泣)然后从老妈妈的嘴里喷出来一股鲜血。(嘉宾周强难以自控,再次哭泣,王佳一鼓励周强)在那以后,她就不能再和我对话了,因为她已经昏迷。这时候,我们终于又找来了搜救队的官兵开始奋力地去想把她从废墟里救出来,但是所有的努力最终都失败了,最后我握着她的手逐渐感觉到了冰凉,越来越凉,越来越凉。这时候我摸她的脉搏没有了，呼吸也没有了，（停顿了一会）心跳也停止了。

顾峰：是一位伟大的母亲养育了一个自己同样伟大的女儿！

王佳一：周强，你要坚强一点，不哭好吗？因为我们的听众曾经说过一句话，是通过手机短信平台发过来的，他们说是把眼泪化作力量的时候了。

周强：是。

王佳一：你现在还在那里对吗？

周强：对，一场巨大的灾难，它会带给我们痛苦，但我相信它带给我们更多的是坚强。

王佳一：（坚定地说）对！

顾峰：我们活着的人希望用自己的双手来创造属于自己的幸福生活，让那些离开我们的人能够安心。

王佳一：你也保重周强，你也是我们的英雄。

周强：（振作并充满感激地说）谢谢大家。

王佳一：谢谢你，再见。

周强：再见。

【采访结束】

【片花】

（在北京读书，家乡在四川的儿童祈祷说）我晓得了四川老家发生了地震，我很关心埋在废墟下的小朋友，希望他们平安无事的。（在北京工作，老家在四川灾区的男听众呜咽着说）虽然在北京工作不能走，但非常惦记四川家乡的亲人们。（在北京工作，老家在四川灾区的女听众）知道老家地震了，全国人民对灾区群众的热心相助。我相信，在大家的共同努力下，家乡人民一定会度过难关。

难改乡音，难舍亲情。众志成城，抗击灾害。中国红十字总会捐赠热线：65139999。北京市慈善协会捐赠热线62371733。

您现在收听到的是四川交通广播、北京交通台并机直播的特别节目：心手相连抗震救灾。

顾峰：现在时间是18点10分，这里收听到的是四川交通广播和北京交通广播联合并机直播的心手相连抗震救灾的直播节目。我是主持人顾峰。

【电话连线采访】

王佳一：我是王佳一，冯延在线上吗？

冯延：顾峰、王佳一，你们好，我听到了你们的声音。发生地震灾害以来，我们从祖国首都听到了许多鼓舞士气振奋人心的消息，我告诉你们，这几天并机直播的节目在全川所有受灾地区的民众都已经收听到了，而且他们知道全国人民都在支持他们都在支援他们，谢谢你们。

王佳一：（急切地问）冯延，到现在为止抗震救灾的情况是怎么样的呢？

冯延：我们在节目开始的时候向北京的全体听众朋友们来通报一下。首先在今天上午，中共中央总书记国家主席中央军委主席胡锦涛同志，乘飞机赶往了四川省地震灾区慰问灾区的干部群众，看望奋战在抗震救灾第一线的部队官兵、公安民警和所有医护人员，指导抗震救灾的工作。他们直接风尘仆仆地赶到了绵阳市北川县擂鼓镇胜利村，因为那个地方受灾比较严重，而且造成了大量的人员伤亡和财产损失，胡主席到当地看望受灾的群众。另外，在今天我们也了解到有一些对于整个抢险工作非常有利的消息。首先说，今天经过所有工程人员的抢修，我们现在已经把所有受灾地区的通讯恢复了，并且有些城镇已经恢复了邮政。大家可以用书信往来的方式传递平安。更加鼓舞人心的是，有些地方的网络也已经通了，有些地方的干部、群众是通过网络和外界取得了联系，报告了那里的情况。同时，还有一个非常重要的信息，来自祖国台湾的救援队在今天下午是由台北搭乘华信航空的专机启程赶往四川灾区投入救灾的工作。这是今天总体的一个救援进展的情况。

顾峰：嗯，那我们也希望通过我们的四川交通广播来告诉大家一个好消息，就是我们的爱心航线明天就要正式启程了。

王佳一：对，爱心航线本周起连续七天运送灾区急需的像瓶装水，还有帐篷等物资，这是北京交通广播、还有北京市青少年发展基金会，以及北京的《法制晚报》等多家首都媒体联合主办的爱心航线大型募捐活动现在已经开始了，明天将有第一班飞机到达那里。

冯延:我们今天也都了解到,不仅从北京,从全国各地都运来了很多的物资,同时灾区的一些受灾的民众,也想通过我们的电波、通过这样一种表示感谢的声音告诉首都人民,他们已经收到了你们捐来的爱心的物品包括捐款捐物,他们感谢首都人民,感谢全国人民。

王佳一:另外冯延,今天上午还有昨天一路畅通节目当中我们都制作了一期节目叫做给灾区的朋友写一张爱心卡,收到这个提示,北京实验二小的很多同学们在老师的带领下来到了北京交通广播念了一下他们写出来的爱心卡。

【节目录音】

老师:今天凌晨的时候我们全校的同学纷纷表示,要向我们灾区的小伙伴们还有受灾的群众们表达我们一份特殊的爱意。

小学生:灾区的小朋友们,你们好,5 月 12 日在你们那发生了 7.8 级的严重地震。我每天也都从电视上和报纸上了解灾区的救援情况,也许你们现在还无家可归,还被埋在废墟下面,但你们一定抱以生的希望。解放军叔叔、医生、护士还有我们敬爱的温总理在外面等着你们呢! 近期全国各地都在为你们捐款、捐物,我也为你们捐献了 200 元,希望这 200 元钱能为你们做一些帮助,你们一定要加油! 勇敢一些! 北京第二实验小学六二班王杼(音)。

小学生:朋友们,你们是国家的希望,虽然这次灾难让你们失去了亲人，但只要你们有一种打不倒的信念就一定能战胜灾难。白云飘飘带着我的心，云船弯弯带着我的情。愿清风能托着白云到你面前，愿溪水能涌着月船到你身边，因为在这里有我千串的祝福，有我们中国人打不散的团结。

【录音结束】

王佳一：冯延？

冯延：顾峰、王佳一，刚才我听到这些声音之后我的情绪非常的激动，抑制不住自己的眼泪。因为我知道在这次受灾的时候，我们灾区受伤最严重的就是中学生和小学生，很多的孩子至今还被埋在废墟里。当听到祖国首都的小朋友，还在健康茁壮的成长，还在努力地学习的时候，我们特别的羡慕他们，替那些受灾地区的孩子，真的是羡慕他们，希望他们能够好好的学习保证自己的身体健康听爸爸妈妈老师的话，而且我们也会把这份心一定转达给受灾地区的学生的手中，替他们告诉你们，他们很好。

王佳一：谢谢冯延。另外我还有件事情想问一下你，这几天北京的听众听到了很多很多的故事非常感人，每天都在泪水中度过。有一些孩子失去了自己的父母，我们非常想领养这些孩子，不知道有没有这样的渠道，你们那边是不是开始做这样的工作呢？

冯延：现在我给大家介绍一下，因为整个的救灾工作还在紧张地地进行，因为还有很多受困的民众还没有被

转移到安全的地方,所以暂时这项工作还没有开展。不过我相信,等到我们的救援工作全部结束了,到时候我们重建家园的时候,定会向全国的民众伸出我们需要援助的双手,也希望你们回应我们,把你们的热忱之心、援助的双手扶在我们的手上。

顾峰:灾区的每一分、每一秒都时刻牵动着我们的心,灾区的每件事情都时时的让我们心头一紧,接下来我们共同听一段采访。

王佳一:这也是顾峰和王佳一在星期三的时候在采血车那里,了解到了一些朋友的工作情况,我们来回顾一下。

您好这位老师,我们是北京交通台《一路畅通》的主持人,我想问一下今天采血采集到多少血液的样本了?

志愿者:没有时间统计。

王佳一:从早晨几点到现在?

志愿者:我从早晨 7 点,到红十字会血液中心,当时那儿已经爆满,然后我赶到这儿,从 9 点 30 分到现在我一直站在这儿。在今天上午的时候,有同志说了一句,你没必要问我们都是干什么的,因为我们都是匹夫,为什么匹夫都来了? 因为国家有难,匹夫有责。而且作为一个志愿者,我是国家公务员,温总理在现场说了一句话,人民养着你,你自己看着办,看什么办什么? 我做好本职工作,我到这儿来帮忙。

王佳一:谢谢您,我也采访一下坐在车上的这位,您是医生吗？

护校志愿者：我不是，我是一个志愿者，我是一个普通的人民教师，能做这个工作我感到很光荣也很神圣，谢谢。

王佳一：现在我们来到了献血车上，记者关文平也在这里。

记者：我觉得非常的感动，因为在车上有一个小姑娘是第一次献血，姓刘，1.73米的身高，一百零几的体重，大夫都劝她不要献血，因为她的身体承受不了这么大的压力，但是小姑娘一直要求献400CC。

献血者：我们是北京国道黄金有限公司的，我是那里的成员，我叫刘怀仙。

王佳一：现在我们来到的区域就是采血的地方，我身边是一位非常忙碌的工作人员，不好意思打扰你一下，听说你们中午连饭都没有吃？

采血医务工作者：没有时间吃。

王佳一：遇上了一个听众，你献的多少CC？

献血者：现在正在做化验，我以前献过两次血。

王佳一：介绍一下你自己？

献血者：我就是咱们1039一个忠实的听众，一个北京市民，我是一名医务工作者，是一个大夫，替我保密，不能告诉他们，因为单位知道了会让我休息，还要放假，但我还得上班。

王佳一：我已经热泪盈眶了，谢谢好心人，谢谢刘大夫。

【录音结束】

王佳一：9212 的朋友，如果写一张明信片，我会这样去写：（深情地）收到明信片的朋友，如果您是长者，那么我是您的儿子；如果您是中青年，那么我是您的兄弟；如果你是孩子，那么我是你的亲叔叔；我们是一家人！重建家园，我和你在一起！

冯延：顾峰、王佳一，我们听了这么多的短信，我们真的非常的感动，当身处在灾区的所有人，听到那些孩子失去父母、失去亲人，而撕心裂肺地哭的时候，每个人都为之动容。我们的温总理在察看灾区到现场的时候，也看到那些小学生在废墟当中呼喊着爸爸妈妈的名字，伸出小手要叔叔阿姨去救自己的时候，温总理也热泪盈眶，而且几次在救援现场哭出了声音。我希望，我们都能够用鼓舞的话多给他们加加油，希望他们以后重新回到学校、回到教室的时候，能够好好地学习，健康地成长，把自己学到的本事用于建设家乡，能够把自己现在失去的家园以后建设得更加的美好更加的强大。顾峰、王佳一由于时间的原因我们今天的联线也只能进行到这儿，我们再次感动，为北京人民对我们的支持而感动，我们明天继续联系好吗？

王佳一：我可以再念几个名字吗？

冯延：好的，我们还有 10 秒钟的时间。

王佳一：罗宾，还有杨梅你们好吗？我是 19 楼的胖子，祝福你们平安。祝徐燕春一家平安，北京苏平。

【采访结束】

顾峰:谢谢四川交通广播也谢谢每一位正在收听我们节目的朋友,谢谢北京交通广播的每一位热心人。

节目评析:

媒体的议程设置功能在突发事件中的巨大作用
——《一路畅通:抗震救灾》评析

大众传播作为整个人类社会活动的组成部分必然对社会产生作用。作为一种社会控制的工具,以沟通、扩散、宣传、教育、组织、协调、纠偏、排异等社会功能对社会的政治、经济、文化发展产生影响,对人们的思想行为规范实施控制。

在特定的一系列问题或议题中,那些得到媒介更多注意的问题或论题,在一段时间内将日益为人们所熟悉,它们的重要性也日益为人们所感知,而那些得到较少注意的问题或议题在这两方面则相应地下降。而且,受到某议程影响的受众成员会按照该媒介对这些问题的重视程度调整自己对问题重要性的看法。这就是媒体的议程设置功能。

2008 年 5 月 12 日四川汶川发生特大地震,这是每个中国人都铭记在心,铭刻在心的。在发生地震后,广播电台发挥了巨大的作用。在灾区很多基础通讯设施还没有恢复建设时,作为不多的、可与外界沟通的媒介,广播以最快的速度实现了现场直播和随时播报,有些时候甚至担当了灾区群众紧急安全疏导，保护人民生命的使命。所以有人称，广播是当之无愧的“危机媒介”。而在全国各地抗震救灾的后方，媒介的议程设置功能在引导受众参与抗震救灾、凝聚民众力量中起到了举世瞩目的作用。

就本期节目而言，用多种手段设置议程、引导议程犹为显著。

（一）开篇直入主题，引起听众关注

节目一开始，便是简洁的新闻播报，很快便进入与前方的连线。在我们还没有条件能够完全了解当地情况时，前方记者通过广播信号不断给我们发来当地的即时消息。而对于听众急切想知道的信息，我们一点点询问，对方一点点介绍。即使一条小小的寻亲信息，在那一刻也让多少人为之牵挂。

（二）与亲历记者连线，共命运、同呼吸

很多听过这期节目的听众，一定还记得当时所感受到的每一种情绪。眼前仿佛就是现实，我们，也仿佛就在汶川。悲恸→感动→希望→努力→振奋→顽强→成功，主持人在不到两个小时的时间内，让每一个听众完成了一次需要一生时间才能够完成的完整的成长的人生体验。在这里，我们会发现，内容的细节起到了重要作用。

在这一期节目中，听众印象最深刻的应该是那位英雄的老妈妈，她的故事是由中央广播电台一名前方记者为我们讲述的，生存的希望珍贵，让别人生存的礼赞伟大。一个坚强的男人此刻为之动容、落泪。就是这样一

位老妈妈，在人生危难时刻，用人性闪烁的光辉完成了自己的一生。

应该说，这次连线非常好地展现了前方救灾一线的感人画面。主持人与前方记者的对话引导着听众的思考方向、思维方式，每一个听众都会寻找适合自己的方式去支援灾区。

（三）与四川电台并机直播，连接灾区与首都

这种并机直播不仅让我们能够得知抗震一线的消息和进度，更大的意义在于四川的听众也能够听到首都北京的声音。这种北京的声音不同于中央人民广播电台的节目，她是更加亲和的、更加个性的、更加清晰的北京的声音。也正是这一次的巨大成功，使得四川交通台开始与全国各地交通台实现并机直播，一时间，广播成为了永不消逝的电波。我们共同给灾区人民信心和希望、力量与勇气。

（四）采访展现首都民众的付出，激励灾区人民

首都的小学生为灾区小同学捐款捐物，在北京的来自全国各地的群众都要为灾区献血。一个献过三次血的医生希望我们不要公开他的单位，因为医院一定会要求他休息……细节之处有温情，主持人用广播信号将这些一点点放大，放大每一处感动，感染每一人。这些细节传播了人性的光辉、传递了人类的力量。

综上所述，我们从不同的侧面让听众享有知情权，获得更多信息的同时也因为受到媒体影响而设置自己的议程，知道自己的作为。记得我们在节目中提到灾区抢险需要血液并进行了献血车上的采访后，每天都会有听众询问是否需要血液，会表达他们会随时听候调遣。得知前方缺大米，从我们告知后仅一个下午，就有十几吨的大米送到指定地点。

这样的例子还有很多。所以，我们感动、我们欣慰。

第五集　一路畅通:爸妈语录

（本期节目获得2004年度北京人民广播电台主持作品最佳奖。）

【片头音乐】

路况发布及时权威,新闻传递准确快捷,现场热线生动精彩,娱乐生活激情无限,欢迎进入我们的都市快行线《一路畅通》。

王佳一:嗨！我的朋友该打招呼了,现在已经是北京时间7点35分了,还躲躲藏藏干什么呀?

罗兵:这问的是王佳一。2096说了,王佳一快出来吧,别藏着了,老猫着干什么呀?何必呢,何苦呢!（笑声）

王佳一:是。（笑声）我现在正猫在交管局指挥中心我们的直播间里面为大家主持《一路畅通》,今天是温馨笑容版的节目。

罗兵:大家好,我是罗兵。

王佳一:我是王佳一。很多朋友都很关心我们,像3349说,你们要是上节目的时候打嗝怎么办呢?

王佳一:打嗝我就这么说,亲爱的听众朋友们,我(学打嗝)想你。(笑声)

罗兵:其实有的时候还真会出现这样的状况。

王佳一:是。

罗兵:曾经我还真碰到过这种情况,不过不是我,是另外一位主持人,结果他一直打一直打就不能停,结果就要上直播了,这个时候人说了,得!看出来了,赶紧换人吧。给我打电话,那会儿我正在睡觉呢,然后就奔向了直播间。另外呢,还有一个就是我们萝卜开会的罗宵兵,有一回也是在上节目之前猛打嗝,停不住了,不过最后当话题推起来的时候,他一下子好了。

王佳一:对,精神一紧张就好了。(笑声)

罗兵:现在呢,还是让我们的歌曲先出现吧,用一首歌问候这个城市,问候每一个人的心情,我想这是最好的。

【音乐《感觉特别》】

罗兵:(延续歌中内容)怎么能不知道今天是星期几呢?告诉大家吧,3月31号,今天是星期三。

王佳一:星期三是一周的中间,前两天没做完的事情和后两天需要做的事情都要做一个总结和展望。

罗兵:在中段就需要这样。

王佳一:现在不知道一位小朋友,6岁的可爱小朋友有没有在听我们的节目。手机尾号1018的朋友发来短信说,我儿子6岁,现在巨爱听你们节目,早晨一睁眼就

唠叨上了,(学童声)通通通,来《一路畅通》,爽爽爽,城外城有多少平米的停车场。您可记得够清楚的呀。(感叹)

罗兵:这真是小孩子的话,但是今天我们的话题却是爸妈语录,我们的爸爸妈妈都说过什么话呢?比如早晨,(学爸妈说)唉,注意安全啊,慢点开啊。

王佳一:在我们出门之前,或者做什么事之前父母经常做的提醒让你记忆深刻受益匪浅的都有些什么呢?爸妈语录就是今天的主题。

罗兵:是的,特有意思的、特有意义的爸妈语录,希望朋友们和更多人分享,发送短信的方式是这样的。

王佳一:移动用户请发送短信到 08821039,联通用户是发送短信到 8821039。

王佳一:(学童声)哥哥,你是我见到的最爱干净的人哦?

罗兵:(学童声)过奖了,你是怎么看出来的呢?

王佳一:(学童声)不管什么事情,你都推得一干二净唉。

罗兵:我们希望您可千万不要推得一干二净啊,把那些好玩儿的信息一块儿发送过来吧。

【片花】

王佳一:现在是《一路畅通》温馨笑容版与大家在第三时段见面的时间,我是王佳一。

罗兵:大家好,我是罗兵,今天我们的话题是“爸妈语录”,那些特别有意思的特别有意义的爸爸妈妈的语录,让我们一同来分享。

王佳一：真得感谢咱爸咱妈对咱们的提醒啊，看看吧。首先4447说了，我妈说了，越是感情的事越不能感情用事。

罗兵：8436说了，好好学习。

王佳一：1064说，咱妈说了，（学妈妈说）多喝水啊。

罗兵：1049说，我妈每天早晨都问，（学妈妈说）唉，你晚上回来吃吗？

王佳一：1957说，小心别让人骗了。

罗兵：这是妈说的，还是爸说的啊？6098说了，我妈常说，开车别喝酒。

王佳一：7162说了，我妈常说，出门前别惹事啊，（笑声）我是一个女孩。

罗兵：9356说，晚上早点回来啊。

王佳一：接下来8665说了，每当我出门前我妈都会说，（学妈妈说）瞧着点儿表啊。意思就是别玩儿疯了，别忘了回家。（笑声）

罗兵：1499说了，出门多带钱，穷家富路。还有，饱拿干粮，热拿衣。

王佳一：5700说，我婆婆每天对我爱人说的就是，小心开车，安全回家，我还等着抱孙子呢。

罗兵：0763说了，我上学又上班，钱也不往家里交，早晨出家门的时候爸爸还老问我，有钱没有钱？没钱再给你点儿。我真是感动啊。（感慨）不止是你感动，我都感动。

王佳一：父母的恩情是无法回报的，所以呢，就是自己啊，身体越来越好，学业越来越好，工作越来越好，他们就高兴了。3746说了，老妈早晨对我说一句话，（学妈妈说）起床啦，小懒蛋。你多大了你？（笑声）

罗兵：多大啦？您瞧瞧9854他的老公的妈妈是怎么说的，我老公的妈妈每天就对我老公说——

王佳一：（学妈妈说）宝宝吃水果！

罗兵：（笑声）还得再腻点。

王佳一：（笑声）你再腻，那不就招人烦了？

罗兵：在他的强烈抗议下现在改了，"男子汉，喝酸奶啊。"

王佳一：6881的妈妈说了，（学妈妈说）"别美了，再不出门就要迟到了，东西都带齐了吗？（笑声）晚上回不回来吃饭啊？下班早点回来。"啊？（惊讶）咱妈在你出门的那一刻能说那么多话呀？

罗兵：3523说了，我每天出门的时候妈妈对我说，出去饿了就吃，渴了就喝，困了就睡，上车有座儿就坐，没座儿就站着啊。

王佳一：（笑声）还真是的啊，说得还真对。4100说了，家有良田千顷，不如薄技在身，学点儿本事。

罗兵：4100这位朋友呢，（停顿）有些不太愉快的记忆。她说，我的父亲在我小的时候总叫我扫把星，现在我总对自己的女儿说："妈妈爱你"。

王佳一:6866说,以前啊,妈妈说,(学妈妈说)好好学习,好好工作,现在是好好娶个老婆。(学儿子说)累!哪那么多好媳妇啊?

罗兵:一个就够了,(笑声)不用多,一个!

王佳一:(笑声)是。9131说了,爸妈说,孩子,开车别加塞儿,那样招人骂。

罗兵:5539这位朋友的妈妈呢肯定是位勤俭持家的妈妈。她说,我妈说我最多的就是,(学妈妈说)你省着点。

王佳一:有时咱爸咱妈说什么啊,得根据咱自己的特点,您总是使劲花钱,那她可不是得说你省着点吗?

【路况信息】

王佳一:我记得我妈有一个语录,说春天火大,一个是身体容易上火,另外呢,可能是火气也容易大,所以大家不要开斗气车啊。9960说,我一开车出去玩儿,我父母就叮嘱我,(学父母说)别惹事,开车慢点,千万别跟人家斗气,一定要学会忍让。这句话我都听了N多年了。

罗兵:2350说了,早晨见了我妈,她第一句话肯定说,(学妈妈说)"哎哟,昨天晚上,我做了一个臭梦。"出门前她肯定说,(学妈妈说)"吃饭别喝酒啊,小心点,我做了一个臭梦。"

王佳一:接下来的是9692,他说了,大部分的父母都是说注意安全的话,我爸会说,(学爸爸说)吃饭细嚼慢咽,搞好身体为先。

罗兵:5082说,出门前我妈最爱说,过马路小心点,看着点车啊。我都20了,她还这么说。有的时候呢,我们特别嫌父母唠叨、啰嗦,但是呢,他们真的是为我们好啊。

【歌曲《偏偏喜欢你》】

罗兵:曾经看过一个吴君如演的电影,在那里她把自己的小孩送给别人了,她想去看她的孩子,但是她出门的时候老是下雨,这个时候她心里非常的较劲,不知道该去还是不该去,天上飘下来雨的时候,这首歌也响起了,它的名字是《偏偏喜欢你》。

罗兵:父母的恩情啊。(感慨)所以啊,唠叨点又怎么样呢?

王佳一:2155说了,每次出门父亲总是说:"开车慢着点,什么时候回来呀?晚上想吃什么做给你。"现在这些话都已经成为永久的回忆了。

罗兵:1042说,今天是3月31号正好是我爸我妈结婚30周年纪念日,我们送爸妈的礼物是让他们启程去海南度假,现在他们已经在海南了,祝福他们吧,大家知道自己的父母吗?

王佳一:这句话的意思就是大家知道自己父母的结婚纪念日吗?如果知道的话不妨也替他们庆祝一下。

【片花】

罗兵:您现在收听到的节目是来自于交通广播的《一路畅通》,今天是温馨笑容版。大家好,我是罗兵。

王佳一:我是王佳一,带着大家的心情与大家共同前行真是一件挺幸福的事情。

罗兵:8205 说了,我参军那一年爸妈多处打听参军的一些经验,其中有一条给我印象最深,就是在吃饭的时候要先吃半碗然后再吃一大碗,知道为什么吗?这样能多吃呗。(笑声)

王佳一:2681 说了,我出门妈妈经常提醒我,把包收好了,小心小偷,还真让我受益匪浅呢!有好几次坐车我都躲过了小偷。

罗兵:9893 说了,我女儿特别瘦,每次吃完饭,我妈也就是她姥姥就会把她摁在床上,慈祥地说,(学姥姥说)宝贝儿,躺下咱养养膘,每天都这样。(笑声)

王佳一:5818 说,小时候老妈就教导我们说,吃不穷、穿不穷,算计不到就受穷,用智慧换来财富吧。

罗兵:1145 说了,我爸妈在哈尔滨,每次我打电话他们都会说,过马路的时候一定要小心点儿,注意身体,我心里听着热乎乎的,但是这使我更想家了。多打电话吧。

王佳一:是,有很多老年人是晚年唯好静,万事不关心,但是你说儿孙的事怎么能不关心呢?8866 朋友的妈妈就是老年的时候学会了使用手机发短信,他说快帮我表扬表扬我妈吧,她可是学会发短信了,每天出门之后她都发短信告诉我今儿的天气,快赶上天气预报了,她刚学会发短信。

罗兵:这个 1867 的妈妈还是直接说,觉得痛快。他

说，我每天一出门老妈就说了，开车小心点儿，别和人家飙车，说了快两年了。（笑声）

王佳一：（笑声）是吗？4958 的朋友说了一串儿啊，说我每次回家的第一件事就是叫我妈从来不叫我爸，等我妈答应了然后我再问我妈，我爸呢？这是我的习惯，问问大家有没有和我一样的呀？

罗兵：还真是啊，（惊讶）为什么回家都这样？

王佳一：（笑声）是，和妈亲呗。

罗兵：8135 他说，我总爱丢东西，出门后总是回家去取，我妈于是根本就不锁门，她总说，（学妈妈说）我就知道你！我妈妈今年 75 岁了。我（停顿）我也是这毛病，我出门的时候肯定要忘带点儿什么东西，不是钥匙啦，就是手机什么的，乱七八糟的，然后我爸爸就从来不锁门，我回来之后我爸就说我没锁门啊。（大笑）

王佳一：还知道呢?！这都是一家儿个宝贝啊，老精灵！

罗兵：7655 他们家过生日的方法呢有点儿个别，她说我小的时候呢最怕我妈说，“今天我要给你过生日，想一想，哪儿做错了？”这意思是又该挨打了呗。（笑声）

王佳一：7195 说了，上学的时候啊，我妈总说好好学习，下雨的时候提醒我别忘带伞。出去玩儿的时候还没穿上鞋就会听到“早点回来，注意安全”。真唠叨！但是现在我离开家在外面，真想他们，他们这些真心的叮嘱让我幸福每一天。

罗兵:7715他说自己刚开车那会儿,每天早晨上班我妈就盯着我说,“慢点开啊,保持400迈。”(笑声)其实她是想说40迈,我回答说行,“老妈,我开飞车去得了。”(大笑)

王佳一:3105说了,爷爷常对我爸说,(学爷爷说)到了天津给我打个电话,中午早点回来。

罗兵:2904说了,提起爸妈语录,我眼前立马浮现出一个非常熟悉的场景,它已经伴随我几十年了,就是我妈经常骂我的一句话——

王佳一:(学妈妈说)死猪不怕开水烫,你小子!

罗兵:8787说了,你小子,20年前是写入党申请书了吗?10年前是你有女朋友了吗?现在是孩子考多少分啊?

王佳一:9833说,我妈总说,“才过百斗端一碗,瓦舍千间住一间”。老妈的名言就是“知足者常乐”,所以对我非常非常的有用,因为我对一切都很满足。心情好啊。

罗兵:(笑声)要说这些爸妈这些小话儿,还真挺多的!8957说了,我每次出门前呢,爸爸总是提醒我千万忍住,不许唱歌。

王佳一:啊?(疑惑)

罗兵:因为我没有一首歌是不走调的,(笑声)其实达到这种境界全走调也是不容易的呀。可见你唱歌吓唬了多少人,以至于你爸爸每天早晨都要提醒你千万忍住不许唱歌。

王佳一:(笑声)全走调达到这样也挺不容易的,这是他自己对自己的评价。5220 说,我妈老说,(学妈妈说)不信老人言,吃亏在眼前。

罗兵:2654 的妈妈呢也是一个简洁明快的妈妈,他说我妈常说“你自己瞧着办吧”。

王佳一:7797 说了,起床的时候我妈总说,(学妈妈说)“起吧,明儿再睡。”(大笑)今儿晚上就得接着睡了。

罗兵:7184 说,我妈常说下班别回家了,省得心烦。

王佳一:哟,刚才还有一个说,“下班上你婆婆家吃饭去啊,给家里省点。”她说,我还没结婚呢,这是1220。

罗兵:其实呢(停顿),我还是想说那句,当我们都觉得爸妈特唠叨的时候,就想想自己以后要做了父母,也可能跟他们是一样的。

王佳一:每一句话和每一个字都充满了关爱。

【歌曲《挥着翅膀的女孩》】

王佳一:(笑声)8646 发来了他妈妈经常说的,也就是他妈妈的语录。

罗兵:(笑声)真是实在,我爸常说“少喝酒、多吃菜,够不着,站起来。”

【片花】

及时准确的路况信息,快捷高效的出行指南,欢迎收

听《一路畅通》。

王佳一:我估计如果每一位司机朋友的父亲都像6752的父亲这样谁都不敢违章了。他说有一回我没注意闯了一个红灯,我家老爷子要跳车,骂了我一顿,下回我再也不敢了。

罗兵:是啊,这就是我们今天的主题——爸妈语录,那些特别有意思的、特别有意义的,还有那些意味深长的老家儿的那些话,很多朋友都已经发送过来了,我们马上要和朋友们分享,不过分享之前一句话,可怜天下父母心呐!

王佳一:0115说了,俺妈在俺要劲儿的时候最爱说,(学妈妈说)要耐得住寂寞。

罗兵:3079说,老爸常说,"唉,这孩子!睡着了比醒着明白。"

王佳一:4195说,我经常对我两岁的女儿说,"别摔着了啊。"她总是说,(学童声)"没摔着。"(笑声)接下来是1981,她说俺娘说了,"要找找个勤快人。"

罗兵:1018说了,我婆婆总对我说,"别减肥了,吃饭吧,你也不胖啊。"

王佳一:多好的婆婆呀。7446说了,我妈说"少说话,多办事。"

罗兵:2544说了,我妈常说"别给自己压力太大啦"。

王佳一:3857说了,我妈常说"水火不留情"。

罗兵:7666:俺爹说了"碗要用大的,事要干大的,多吃啊”。

王佳一:6367 说,我妈说“女人的唠叨对男人来说是一种独特的精神享受”。

罗兵:我估计啊 8863 这位朋友是一位特别淘气的孩子,而且特别会逗老妈。他小的时候一淘气,他老妈就说了,“你乐？你乐我也打你。”

王佳一:(笑声)太可爱了。8676 说,我妈总说“关灯、关煤气、锁门!”

罗兵:4240 说了,我爸叫我起床是三部曲,第一部平静地说“快点起吧!”第二部是利诱地说“来,快点起吧,饭都给你做好了。”第三部就是气愤地说“你起不起呀你。”我爸爸也是最后总是问“唉,醒了吗?”我回答“醒了”,他接着问“彻底醒了吗?”我说“彻底醒了”。(笑声)他继续问“完全清醒了吗?”我说“完全清醒了”。

王佳一:(笑声)最后还应该再加一句“还用我再叫你吗?”3831 说,我爸说我妈,“你马不知脸长,牛不知脚弯”。我妈说我爸,“你长不像冬瓜,短不像葫芦”。

罗兵:这不是天生一对嘛。(笑声)7150 说了,我妈特别逗,有一次她说了,(学妈妈说)快开空调把蚊子冻死。刚才还有一个妈呢,经过理发店的时候说,“热练”小工,(笑声)其实人家是“熟练”小工,到他妈那儿改“热练”了。

王佳一:7300 说,我妈是农村人,挖树坑儿省钱给我。她说,我快乐她就快乐。

罗兵:朴实。8957说了,我爸爸20年前说的一句话我还记得,你要是敢在学校交男朋友的话小心打折你的腿,不过我爸爸可好了,亏了听了我爸爸的话,我在22岁那年找到了我的他,就嫁给了他。

王佳一:6023说,爸爸语录,有钱难买回头望。

罗兵:3062说了,我妈妈说了,她是我的律师,永远为我辩护,虽然我并不常做错事。

【歌曲《永远相伴》】

王佳一:听到《永远相伴》的时候,您就知道《一路畅通》上午的节目就要结束了,今天罗兵和王佳一的温馨笑容版为大家带来的主题是《爸妈语录》。

罗兵:是的,今天和很多朋友都分享了爸爸妈妈的语录。刚才在上一时段我们本来想把这个话题暂时地先结束一下,但是因为有太多朋友的短信了,他们都说了自己爸爸妈妈常常说的话,所以我们继续了一小段。在放广告的时候我和王佳一稍稍有一个争论,因为我们看见了很多短信都说,眼泪已经让他们开不了车了。这个时候我们就想,爸爸妈妈的恩情真的是能够记住一辈子,有的时候放在心底就是了,不一定说出来。

王佳一:我想呢,听完今天这期节目,可能不同的朋友、有不同经历的人都会有不同的想法。

罗兵:今天我们最重要的、最想说出的话就是孝顺父母。

节目评析：

选题的贴近性和音乐的烘托感
——《一路畅通：爸妈语录》评析

作为大众传播媒介，需要承担很多社会责任和使命。其中最重要的就是“贴近生活、贴近群众”以及“引导舆论”。北京交通广播把“贴近你我，时时相伴”作为一句服务口号，而《一路畅通》更是把“贴近性”这一原则作为节目创作的出发点。

《一路畅通》作为一档贴近普通北京市民生活的节目，成功的最重要因素就是调动听众参与的积极性，而要想调动听众的积极性、让大家乐于参与到节目中来，首先至少得让听众有话可说。因此，我们选择的话题大都源于普普通通的生活，正是这些实实在在的生活经历、生活体验的话题，让收音机前的听众有了发言的冲动，有了思想的碰撞，有了心灵的共鸣。

（一）贴近生活是选题的关键

无论年纪多大，我们在父母眼里永远是个长不大的孩子。《爸妈语录》这期节目就从这一点出发，打开了人们心底最柔情的一面。设计的初衷是用来自父母亲对参与交通的司机的叮嘱来提醒司机行车中的注意事项。用本人擅长的“童言”引入了这次节目的话题——那些始终关爱孩子健康成长的爸爸妈妈们。

选择爸妈语录这样一个主题就是这期节目成功的开始。因为来自父母的爱是人类最美丽的情感，是最能引

起所有人共鸣的情感。可以看到,当我们介绍完这一话题,各种各样的短信、留言蜂拥而至,形形色色的生活片段、故事络绎不绝。节目一下子饱满起来,气氛也更为热闹、亲切。

《爸妈语录》这期节目获得了“北京人民广播电台2004年播音主持最佳节目”等奖项,原因就在于,这一话题不仅是让普通听众有话可说、乐于参与,而且在更深的层次上,这一话题对父母的爱这一崇高的主题做了平凡的诠释,但却是完美的升华。这种诠释与升华,让收音机前的所有听众为之动容。很多听众发来短信说听了这期节目,他们的眼泪已经让他们无法开车。节目尾声时我们说道:“听完今天这期节目,不同的朋友、有不同经历的人都会有不同的想法”。的确,生活的片段虽然很具体,但是节目背后告诉听众的、引导听众的感悟却是共通的。节目贴近生活的选题就是节目成功的基础。

(二)恰当地使用音乐使节目锦上添花

一名优秀的主持人要懂得引导受众的心理定势。主持人在其中穿插、引导的技巧也是节目成功不可或缺的要素。这期节目,我们以配合主题的音乐运用为情感的升华和释放起到了很大的作用。

节目一开始,在话题还没有公布之前,我们给听众呈现的是两首节奏感强烈、充满激情与活力的歌曲,让一大早打开收音机的听众精神一振,把大家的激情、热情调动起来。

而话题抛出之后，回复的短信陆续参与进来。我们选择一些有代表性的“语录”作为“抛砖引玉”，让他们从这些不同类型的语录中寻找自己的影子、激发自己参与的热情。一开始的信息有的觉得父母的叮嘱很唠叨、有的很有趣，但是这些都不是主持人要达到的深度。而这个时候，节目需要给大家一个回忆与沉思的过程，那就是父母的叮咛、嘱咐背后，那些让人感动的伟大的爱。于是这个时候，一曲忧伤、哀思的《偏偏喜欢你》悠然呈现。在这样的歌声里，不论是回忆父母某些叮嘱的话语，还是浮现出父母慈祥关爱的画面，都能让听众的心理产生共鸣："父母的恩情如此深，唠叨点又怎么样呢?"这一句发人深省的话说出来，顿时让人觉得，在和别的听众分享自己父母“语录”(不论是唠叨还是叮咛)的同时，也是让自己和大家感悟父母的爱、家庭的温暖的过程，这样的温暖和幸福让节目的内容厚实了许多。

另外在播报听众短信的时候，我们同样十分注意背景音乐的运用。大多数听众发来的“语录”都是轻松、欢快的，因此，他们选用的背景音乐大多是很有节奏、很有激情的背景音乐，以此来进一步活跃现场气氛、调动听众参与的积极性。而当一个阶段轻松明快的短信念完之后，会马上用一首相对轻松的歌曲缓解、调剂一下气氛。

(三)主持人对短信还原的精彩把握让节目更加亲和听众

在调节气氛上仅仅依靠音乐是不够的。在发布短信的时候，我们更要用“拿手绝活”来还原听众的经历、故事以及感受。用多种不同的语言造型再现当事人场景——童声、长者、爱人……这些“表演”活跃了气氛,还原了真实的生活状态,引领大家发现生活中的美,懂得感谢生活。让大家能在两个小时的节目时间内,好好地品味了一杯人生的心灵鸡汤。

第六集　一路畅通:接站

（本期节目获得2005年度北京人民广播电台主持作品最佳奖。）

【片花】

路况发布及时权威，新闻传递准确快捷，现场热线生动精彩，娱乐生活激情无限！欢迎进入我们的都市快行线《一路畅通》。

王佳一：向各位勤劳的朋友们问一声早安，这里是FM103.9北京交通广播的《一路畅通》节目，今天是温馨笑容版，我是王佳一。

罗兵：大家好，我是罗兵。

王佳一：奔驰而过的大客车迎来送往着我们和我们的亲人。

罗兵：亲人回来，您要去接站吗？

王佳一：你回家的时候，亲人接过你吗？

罗兵：出站口是怎样一种情况呢？

王佳一：接人的时候和被接的时候又是怎样一种心情呢？

罗兵:大家见面的第一句话说的又该是什么?

王佳一:接站的时候应该注意点儿什么?您也提醒提醒我们。

罗兵:有没有有趣的事情发生呢?

王佳一:如果您有时间的话欢迎参与我们今天的话题——接站。

【片花】

路况发布及时权威,新闻传递准确快捷,现场热线生动精彩,娱乐生活激情无限!欢迎进入我们的都市快行线《一路畅通》。

罗兵:这里就是《一路畅通》,大家好我是罗兵。

王佳一:我是王佳一。今天我们和大家交流的话题就是“接站”!你看这进进出出、起起落落的飞机,还有一列列火车,载了多少亲人和朋友呀,所以他们一回来我们就心花怒放!赶紧去接站!

罗兵:还有一个小朋友呢!就是6421,他说了:萝卜佳一,我昨天把我们家的爱犬接回来,前几天寄存到别人家去了,昨儿一见到它,我和它都疯了。

王佳一:噢噢!是吧!就说到这儿吧。(笑声)接下来咱们接的可就是人了!0545说了:有一次我和我父亲,我大爷还有我叔叔,去接我叔叔那个多年未见的儿子,接了之后我这个弟弟就偷偷问我——

罗兵(困惑):这仨,哪个是我爸呀?

王佳一:真是多年未见啊!

王佳一:9507 的朋友说,接站一定要注意别迟到,我有一回接朋友迟到俩小时,见面就是对不起。

罗兵:他应该算那个虚情假意。

王佳一:估计是怒火中烧似的后续,不愿意人家来了。

罗兵:手机尾号是 0061 的朋友说,接站的第一句话经常是,你胖了。

王佳一:别有用心。

罗兵:0740 要是年轻漂亮的女孩应该上前就紧紧地抱着她说,好久不见十分想念。

王佳一:这算是久别重逢。

王佳一:2324 发来短信说,还接站呢,我回家的票还没买着呢,正着急呢,有没有什么办法?

罗兵:很多朋友都挺着急的。作为司机,1668 这位朋友可得注意安全,他说了:我是司机,到车站接站每次都特别顺利。

王佳一:说明人家做事情非常有计划!

王佳一:9212 以前上学的时候每次坐火车回家都是老爸去接站,老妈在家包饺子,现在坐大巴能刚好开到家门口,老爸可以帮老妈包饺子!

罗兵:5168 的朋友,今年回不去家了,以前回家,一下车,那年味儿实在太重了!被接是一种感情,一种亲情!这是我第一次发短信,一定要读啊!

王佳一:9547 说我回家头疼,因为弟弟和老爸想来接

我,为此他们还吵架,(支招那就一块儿来!),没办法我只能不告诉他们我回家的时候,自己打车回来,我回一趟家容易吗?

罗兵:8086 虽然接站很累,但是非常开心,能和久别的亲人在第一时间见面非常的幸福。

王佳一:一般接站的时候脸上都露着笑容,无论是接人的还是被接的,基本上小脸都开始展露笑容,小嘴都开始往上咧了。

王佳一:手机尾号 3001,却说出了另外一种情绪:我就不是,我从来不去接人,因为我一听广播说多少多少次从多少多少道开过来我就想哭,就跟看升旗一个感觉。

罗兵:当时心里特别激动,胸前就觉得有点憋闷。

王佳一:这是特别重感情的一个人,接到之后眼泪流完之后全都是快乐。

罗兵:这主要是接亲人。接客人就是另外一种感觉了。1321 说了:我有一回接客户,湖南来的,我举一个牌子,后来我把他接回来了,老总就问,你接谁呀?原来我接错了,他们俩同名同姓。

王佳一:要不怎么现在的家长给孩子起名都那么有特点呢,就是要和别人有区别。

罗兵:9851 说有一次过年去姥姥家,我没告诉她,想给她一个惊喜,因为那天是过节,结果她做梦梦到我去了,她就去接了,感动坏了。

王佳一:1907 的朋友说,我大学放假回家是我爸接的我，那会儿他刚拿驾驶本，我坐在副驾座上紧张得眼睛都不敢眨，幸好最后平安到家了。

罗兵：另外7717说了：我是一名军人，每年只能回家一次，都是我女朋友接我，现在已经是我老婆了！每次见面，都特别特别激动，恨不得抱在怀里永远不分开！

王佳一：继续分享我们的话题——接站！

罗兵：9860每次去英国看爷爷奶奶的时候，奶奶一看见我就准说——

王佳一（模仿老太太的语调）：哎呦！宝儿呀，又胖了！（笑声，恢复正常语态）多打击人啊！

罗兵：9212每次下火车见到老爸，他总问，累不累呀，我说还行。接站的感觉比送站好多了，看到的都是笑脸，而不是背影。

王佳一：4665的朋友说，一提起去西客站接人我就一肚子气，两个出口，我就来回跑还是没接到，最后还好在公交车站找到人了，不知道西客站现在改没改。

罗兵：1112的朋友，说昨天我去接我大姨，等了一上午，结果我大姨在我们家给我打电话说，回来吧，我早到家了。（笑声）

王佳一：2506说了，国庆节我去西客站接人，接第一次到北京的妈妈，我妈妈激动地说，你看看，我在电视上看到那个人也来了！原来是一个高鼻子老外，她觉得外国人长的都一样。

罗兵：我们有时候看到的广告长得一样，路况有时候

长得一样,这路况有时候不一样,可能是因为剐蹭,可能是因为追尾!

【路况信息】

罗兵:这一大早说了好多好多事故信息了!

王佳一:最少有二三十人都受到事故的影响了!

罗兵:所以朋友们路上开车一定要多加小心！马上都要过节了！大家都得平平安安的嘛!

王佳一:是啊！过节用车用得也多啊！确保它的健康啊!

罗兵:今天跟大家说的话题是接站,小小站台确实是人生舞台,上面悲欢离合。我们看看 0615 说的有趣的事情——

王佳一:我的一个发小去新疆当兵四年,回来的时候我们 8 个哥们儿去首都机场接他,四年未见,见到他之后我第一个上前抱住了他,那叫一个激动,可他居然不知道谁在抱着他!（笑声）

罗兵:9064 说我天天去北京站,不过不是接站,而是在那儿上班,每天找车位都跟打仗似的,心特别烦。是,别说找车位了！在那儿找辆出租车也不是件容易的事!昨天我在那儿等了三十多分钟也没见到一辆出租车!

王佳一:哦！昨天我在那儿看到西装笔挺的就是你啊!（笑声）

罗兵:没有,昨天穿的是跨栏背心儿!

王佳一:0864 的朋友说我去年一月份和父母去香港,

回来的时候刚出西客站，看到外面的家人围上来帮我拿行李，一瞬间我脑子里出现的都是电视中那接站的场面。

罗兵：电视里有各种各样的接站场面，刚才已经总结了几条，有的时候我们民警就布下了天罗地网，各小组请注意，目标已经出现，准备行动吧。

王佳一：最好不要那样。（笑声）

罗兵：5234 三四年前我去机场接机，正点是晚上 6 点，结果都到了 8 点了，然后又说要到晚上 10 点，然后又说要等到 12 点，结果最后贴出来了通知取消（班机）。

王佳一：实在没办法啊！天气原因！为了安全，也得取消啊！

罗兵：2898，他说了：我接过很多人，也被很多人接过，有家人同学朋友，被人接，很幸福！接人同样非常幸福，因为无论哪一个都说明了有人担心我，也有人让我担心。

王佳一：有情有义，体现在小小站台上。

罗兵：夕发朝至的列车，奔驰而过的大客车，迎来送往着我们和我们的亲人。

王佳一：一片情意就在小小站台上。

【歌曲《碧海情天》】

罗兵：8648 说 20 年前 15 岁的我只身一人去山西某部队看望当兵的哥哥，几经辗转到达了，下车之后我和我哥哥的战友说笑着走在前面，回头看看我哥哥，正用手抹着眼睛擦眼泪呢。

王佳一:说得我差点想流泪。亲人相见啊!8260说了:我每次从东北回北京,我老公都去接我,反之我从来没接过他,有点惭愧。

罗兵:0191的朋友,大学暑假的时候接到一个不留名同学,出站口人非常非常多,我想万一错过了怎么办,灵机一动一遍又一遍地大喊自己的名字。

罗兵:今天跟大家聊的话题是接站!5749说了:有一次去机场接老总,下雨,飞机下不来——

王佳一:(接)落在天津了!我在机场等到天都快亮了,在车里睡觉,然后就感冒了。(可怜的)

罗兵:真是一个好员工!

罗兵:7029接飞机我最多等过6个小时。

王佳一:1841说了,记得我大学第一学期坐火车回家,当车进入北京境内看到熟悉的公交车,听到永远听不够的1039和看到亲切的北京西客站的时候,眼泪就不争气地流了出来。(模仿,带哭腔)

罗兵:6401我老公是铁路的职工,今天就要上一线增援了,要走4天呢!回来的时候我要去站台接他。

王佳一:0308的朋友说了,我可是停下来给你们发的短信,接站我看就俩字,急呀。再看3381,我妈妈接我的时候,我就说,妈妈您老人家白发又多了。

罗兵:是!有的时候见到亲人的感觉就是不一样,有一个叫李娜的朋友曾经写过一篇文章叫接站——

两个主持人讲述故事:接站。

记得大一那年，十一国庆节刚刚迈入大学的校门还不足一个月，面对繁华陌生的都市、熙熙攘攘的人群、五彩缤纷的生活、紧张新鲜的学习还有全国各地的同学，来自于小县城的我有些茫茫然，而且还应接不暇。

十一就要到了，但我还没有决定是否回家，军训还没有最后定下来哪一天结束，也就是说还不知道哪天可以离开学校，而且当时十一假期只有短短的两三天，回家的意义到底有多大呢？我反复地问自己，家境贫寒的我必须理智地在学校和留校之间选择，因为往返路费是我半个月的伙食费，我在等待着，同时也犹豫着。

那个时候不像现在家家都有电话，写信是和家里沟通的主要沟通方式。在临近放假的短短几天里，写信是来不及告诉家里，所以在我决定之前家里还不知道我是否要回家，我想当时他们一定非常焦急。

30号系里通知从第二天开始放假，同学们欢呼雀跃，而我也归心似箭，我是一个特别恋家的人，从小到大没在外面住过，只有家才能让我感到温暖，只有家才让我感到安全。

在狂风暴雨的时候我总是希望家人都在一起，在温馨的家里，当脑海里浮现出父母还有小妹妹的身影的时候，我知道我必须要回去。

我要给他们一个惊喜，我迫不及待地登上了火车，马上就要看到他们了，其实我家里和学校只有7个小时的路程，傍晚上车，子夜就可以到家了。

在路上,我掩饰不住内心的喜悦,想象着他们吃惊而又欣喜的样子,睡眼朦胧地望着我,还有吃惊地张大嘴,然后,猛地扑过来。

终于到了,十一的老家已经寒气逼人,当我走下火车的时候,不禁冷得直打寒战,不过无所谓,反正马上就要到家了！走出车站,搓搓手,我四下里准备找车回家,还有10里的夜路要走呢！突然好像有人在喊我的小名,是爸爸!

“你怎么知道我坐这趟车回家?”

“我猜的！心有灵犀吧!”

“爸爸顺手把一件大衣批在我的身上。”

“来,老家冷！你也不知道多穿点衣服!”

“我不冷。”

“走,咱们回家!”

十几里的夜路是父亲骑自行车载我的。我要骑车载他,他说夜路我不熟悉！很快就到家了,妈妈还没睡,热着我最爱吃的饺子,在等着我呢。

我的妹妹本来也嚷嚷着要等我呢,但是后来实在太晚挺不住了,躺在沙发上她就睡着了。家里是温暖的,永远都是。

短暂的假期很快就过去了,但却给我留下了终身难忘的印象,后来我才从妹妹的口中得知,其实爸爸连续跑了三个晚上,直到把我接到。

我的妈妈也等了三个晚上,直到把我等到,我知道,那个十一——我必须回家!

【歌曲《父亲》】

罗兵:这首歌的名字叫《父亲》,我想要把这首歌曲送给所有马上要回家看父亲的人和所有为人父的朋友。在这个时候,马上就要过节的时候,家人团聚是最令人激动的时候,所以把自己的真情奉献出来,毫无保留地表达出来,这个时候不管用什么样的方式——让我们回家团圆吧!

王佳一:我们刚才也说到了,是一位叫李娜的女孩写的一篇小文章,不是通过手机短信写来的。我想她已经通过这篇文章诉说了很多儿女们对父母的感激之情。

【歌曲《自由港》】

王佳一:通过刚才那个故事的反馈,我们知道路上很多朋友都是很真诚很善良的朋友,在路上行驶的所有朋友都希望自己的亲人健康,在路上走得顺利走得快乐,希望大家互相配合。这首歌特别要送给手机尾号6453的朋友,他的父亲秦雨生在做手术,希望老人家手术顺利,早日康复,永远健康幸福。送给这位叫秦丰的朋友!

罗兵:等会儿有一首歌更适合,就是《永远相伴》! 5230发来短信说:我10岁的时候第一次离开父母跟舞蹈队去外地参加比赛,后来我一出站就被妈妈抱在怀里了,感觉特别幸福。

王佳一:今天我们的话题就是接站。很多短信要念出来,都是片片真情。1627:我在北京,他在北海,我要出差,他来考研,在西客站我的车出发,收到他的电话他进站,他想给我惊喜我没看见,在同一时间没有接站也没有送站。

罗兵:只要真情在就不怕这样的擦肩而过,这只是短暂的。2200说了:上一次为了给他一个惊喜偷偷地去接站,结果看见他和一个女的一起出来了,虽说是他的同事,我的心里也挺不是滋味儿的。

王佳一:珍惜现在所拥有的一切美好的感情吧!0380:记得有一年回家,说好不接的,结果为了给我惊喜他去了,最后我先打车回家,然后我又跑车站把他接回来了。

罗兵:到底谁接谁啊!8875说了:去年回家我哥们儿接我,只见他瘦小的身材站在出站口我非常感动,我差点儿没哭出来,今天我不能回家了,就把真情送回去,用各种各样的方式。

王佳一:手机尾号8782的朋友说,我老公从北京回老家过年的时候我去接他,我们久别重逢,亲热地拥抱过后我一回头发现他老爸也来了,远远地看着我们这一幕挺不好意思的。(笑声)

罗兵:理解理解,大家都理解!

【片花《一路畅通》】

【歌曲《永远相伴》】

王佳一:被人心疼和被人惦记的感觉是幸福的,心疼别人和关爱别人的感觉也是幸福的。

罗兵：无论接站还是送站都要记住一点平安是福，所以朋友们记住平安这两个字，我们有可能就会规范自己的行为让道路变得平坦，同时也让自己的生活变得安全。

王佳一：最重要的还是要确保自己的生命安全，所以提醒各位在路上行车的时候千万要小心为上，家人在等着你平安回去呢。

罗兵：好了，朋友们，祝大家一天都快乐。

节目评析：

小处着手选择话题，大处着眼引导听众
——《一路畅通：接站》评析

公共服务功能是这两年媒体里面最时髦的词了。本人认为任何传媒的终极目的就是社会职能。服务在《一路畅通》这个节目里面主要的定位就是为听众服务，而且是海量的信息服务，包括路况信息、新闻资讯、广告各种信息资源，目的还是为听众提供各种全方位的服务。当然这些服务有一些是固定形式的，比如路况信息、天气预报是固定的，有些情况是随机的，比如下雨了我们要怎么样，早晨起来向东开车的朋友要打开遮阳板，戴上墨镜，要不然开车耀眼，还有前面有大车了你们绕行等等，这些都是随机的。服务功能不是千篇一律的，这要与主持人的敏感度和当时发生的情况密切相关。

在 2005 年初，春运开始的时候，铁路部门开始了春运时刻表，进入了春运状态。作为为百姓出行服务的媒

体，我们有责任和义务向大家介绍相关资讯，但不仅仅是生硬的新闻的方式。于是推出了一期话题《接站》。

（一）小处着手设计话题、赢得关注

春运期间，一般媒体可能多会从具体的服务信息入手，造成枯燥的信息罗列：选择什么样的出行方式；是否能顺利购买到火车票、机票；出行中是否满意交通部门的服务等等，实实地落在"春运"中，很难出新。

而"接站"，是信息之外的与人有关的切入点，是一个来自于生活小事的话题。首先，从普遍性看，每个人都有接站的经历，或去接，或被接。其次，它有故事性。接站本身就具有极强的故事性，很容易引起人们的共鸣。这是最关键的，因为每一个接站的故事后面，往往都有丰富的情感，引起令人难以磨灭的记忆。

正如我们在节目中所说的："……站台有如人生的舞台，上演着无数悲欢离合……有情有义，体现在这小小站台上……"听众很容易就会因为这一话题，产生参与的兴趣。

（二）轻轻松松引导短信，分享深情

手机短信在广播节目中的应用，使很多人有了机会表述自己的故事。人人分享，人人参与。通过电波能够使大家分享一些温馨的真实故事，产生情感的共鸣。

我们力求本期节目温馨亲切，进入每个人的心扉。但如果自始至终都是"心灵鸡汤"一类的内容，势必会过度煽情、过于沉重，产生"审美疲劳"。因此，我们一定要在开始的时候，选择出比较风趣幽默的短信，使听众得到

有效的引导。

我们选择的这两条风趣幽默的短信来自于听众的真情实感,很亲切,也的确感染了听众,随即,铺天盖地的短信涌入短信平台。

我们有了丰富的短信来源之后,就有了更多的选择,可以根据节目的需要,以及大量听众的真实需求,进行整个节目的铺陈。

我们在后面的短信选择过程中,注意到风格内容既有共性的,又有特性的;或者温馨亲切,或者风趣特别。播出短信时,我们以非常快的频率,交叉读出。一条一条内容精彩的短信,代表不同的个性,有不同的情感体现:有接亲人的、接朋友的、接客人的;有被亲人接、被朋友接的;有在站台上面对亲人时的感慨以及温情流露;有接到亲人时的有趣小故事;有因公去接站,接到重名者的尴尬趣事……给听众一个非常新鲜的听觉感受,使大家分享到很多有趣的内容,还刺激听众积极的短信参与。

(三)实用信息适时传递,服务为上

当与春运有关的信息在人们体会和感受到站台上下的真挚情感或搞笑经历后播发出来时,人们的关注程度已经有所提高。因为这个时候的春运信息不仅对要买票参与春运坐火车的人有意义,对于普通听众而言,这也是代表着前面所说到的那些故事发生的一个前提。那一个车次的序号就代表一趟列车中所有乘客发生故事的可能性。再加上主持人适时的提醒,非常人性化。

（四）切合主题演绎故事，升华主题

在节目短信内容非常丰富的时候，也同时出现了一个问题，就是主题、倾向过于复杂。这些短信五花八门，缺乏一个梳理引导。我们不能让节目仅仅是热闹，还应该真正打动听众的内心。

在这种情况下，就需要我们通过一些提前的策划，一些广播语言的巧妙应用，来对听众进行有效的引导。于是，我们播放了温馨悦耳的、以站台为主题的歌曲。随后，我们拿出精心准备的一篇文章，声情并茂地开始讲述。这是一个父亲接女儿的故事：女孩独自在外求学，回乡的时间不确定，当她回家时恰恰看到父亲在站台等她，其实父亲已经连续等了三天……

在读了这篇文章之后，我们立刻播放了一首歌曲《父亲》。播放歌曲的时候，我们看到短信平台上的内容有了一个明显的变化：大量短信都以亲情为主题，或者是问候病中的父亲，或者是讲述自己幼年时被父母接站时母亲的怀抱……听众非常明显地受到文章与歌曲的引导，一个又一个饱含真情实感、温馨亲切的短信发送上来。

主持人有了更大的选择空间，对节目有了更强的把握能力，我们欣喜地收获了一期精彩的节目。而通过这期节目，无数听众因为“接站”这么一个小小的话题，拉近了人与人之间的距离。整期节目温馨亲切的氛围至今也让我们难忘。

第七集　一路畅通:我最××××的一棵树

【片头音乐】

王佳一:喧闹的春天曾一度带着挥霍无度的欢笑进入我们的生活,它的歌声里载满了逍遥的玫瑰,它还以无忧树新生嫩叶的红彤彤的亲吻使天空为之燃烧。

顾峰:如今春天穿过冷冷清清的小巷,沿着寂静的、浓重的、沉思的阴影悄悄地溜进我的孤独里来了。它静静地坐在我的阳台上,越过田野凝眸遥望,大地的苍翠在天空的决然苍白里高唱着希望和快乐的歌。

王佳一:最后一句是顾峰改的,前面是泰格尔写的。这就是美好的春天在和我们约会,这里是《一路畅通》我是主持人王佳一。

顾峰:大家好,大风来了,顾峰也来了。

王佳一:风是挺大的,半夜里头一直睡觉死沉沉的,我也被惊醒了一次。

顾峰:今天早晨我开车的时候车都开始飘了。

王佳一:狂风怒吼着,去植树吧!

顾峰:是,有句话说风在吼,马在叫。

王佳一:(笑声)马在叫的意思就是套上马车拉着我们到山村去,到田野里去栽种一些树木吧。

顾峰:那个叫马快点走那个——得儿!驾!

王佳一:(笑声)今天是3月12号星期天,3月12号是我们中国的植树节。

顾峰:1979年的2月中国第五届全国人大常委会第6次会议决定将每年的3月12号定为中国的植树节。

王佳一:1981年12月的时候五届全国人大四次会议又通过了关于开展全民义务植树运动的决议,从1981年12月以来中国全民义务植树累计超过了350亿株。

顾峰:中国正在实施三北和长江中下游地区重点防护林的建设,野生动植物保护和自然保护区建设,天然林保护等六大林业重点工程。

王佳一:到2000年底的时候,中国的森林覆盖率已经达到了16.55%。

顾峰:而在今天的新闻点击当中我们又得到一个好消息,目前森林覆盖率为18.21%。

王佳一:太好了,在大家的共同努力下,天更蓝,树更绿,草更青。有了树之后好像风就不会那么大了。

顾峰:空气当中的沙尘也不会那么多了。

王佳一:顾峰也越来越小,越来越年轻了。

顾峰:纯属是老黄瓜刷绿漆呀!

王佳一:手机尾号1797的朋友,他说冷,真冷,这哪儿是春天呀,分明是寒冬,车里很冷,要送女儿去上学很苦的，但是很愉快。

顾峰：出行的时候一定要多穿点衣服。

王佳一：手机尾号 2008 的朋友，他说佳一，今天偷懒了吧，不用去植树了吧？谁说的，下了节目我就去。

顾峰：你可不知道王佳一今天穿了多少衣服，真是冷暖自知。（幽默的语气）

王佳一：那当然了，自己疼自己嘛。

顾峰：今天是北风依旧，今天白天在冷空气的控制下四五级的偏北风依然是不懈地吹着，北风吹出的蓝天里点缀着朵朵白云，虽然天色比较好看，光照还可以，不过在蒙古冷高压的控制下最高温度只有可怜的三度。

王佳一：也不知道今天去植树的朋友穿得够不够厚，一定要多穿点，以免着凉，自己多关心自己的身体，也关心这个地球的健康。

顾峰：这首歌跟树有关系，一棵朴素的树，简称朴树。

王佳一：朴树唱什么了？

顾峰：《Colorful Day》。

王佳一：美好的一天开始了。

【歌曲：《Colorful Day》】

【路况信息】

【片花】

王佳一：很喜欢朴树是吧，今天我们的话题真跟树有关系。

顾峰：今天是植树节，我们的话题是我最什么什么的

一棵树。

王佳一:在您的记忆里一定有棵树,它或许是您童年乐趣的来源。

顾峰:或许是定情许愿的见证。

王佳一:或许是鼓励你前行的悬崖边的英雄。

顾峰:说说那棵树吧。

王佳一:说说您印象最深的,最最喜爱的最最钦佩的那棵树吧。

顾峰:我最什么什么的一棵树。

王佳一:跟树有关的所有故事您也可以发送给我们,与路况有关的信息您都可以打一个电话 65289999。

【路况信息】

【片花】

王佳一:陪伴您继续同行的是《一路畅通》,我是王佳一。

顾峰:大家好我是顾峰,今天风挺大的,希望大家在高速路上行车的时候一定要防止侧风对您的行车安全产生一些不利影响。

王佳一:走在高速公路上真的一定要控制好车速,祝您一路平安,大风天让我们想起应该多种树好挡住风沙的侵袭。

顾峰:每年的 3 月 12 日我们都要植树,一定要在植完之后好好地护一下。

王佳一:今天是植树日,很多朋友都很重视,但是在某一个值得纪念的日子都可以种一棵树作为纪念。

顾峰:比如生儿育女要给每个婴儿栽28棵树,等到结婚年龄20棵树已经成才了,就够结婚的费用了,为婴儿植树是当地一个盛行的风俗,现在贵州侗族等少数民族地区还有为出生的子女种女儿杉的习惯。

王佳一:还有治病种杏树,因为三国东吴名医董胜医术精湛,为人治病从来不收钱,只要求治好一个病人就种一颗杏树,天长地久以后他的房前屋后竟然有十余万株杏树,所以人称董林杏仙。

顾峰:唐代的文成公主远嫁松藏干布,从长安带去柳树苗种植于拉萨的大昭寺周围,以表达对柳树成荫的故乡的思念,因此这些树被称为唐柳或者是公主柳。现在已经成为了汉藏交往的友好见证了。

王佳一:还有写诗护树的,爱国名将冯玉祥将军爱树如命,军中立下护树军令,说马啃一树杖责20,补栽10棵,关于冯将军植树的一些态度全国政协委员李燕先生也有一个介绍,接下来听听对她的采访。

【采访录音】

李燕:北京交通台的听众朋友大家好,我是清华大学美术学院教授全国政协委员李燕。其实我们的民族在古代很重视绿化,在古代作为政府行为曾经有过关于保护森林的相关规定。曾经有这样的规定,就是荆棘树木不得随意砍伐。近代由于战乱、日本侵华、还有军阀混战,荆棘树木受到了很大的破坏,当时爱国将领冯将军曾经大力提倡植树，自己带着军人和老百姓去植树，后来有人向他汇报说有的树被人偷偷砍掉了，他非常生气，亲自贴了一块牌子亲笔写着：今后谁砍我的树，我砍谁的头！好多场合我都是属于绿化的积极分子，我自己经常这样讲，为了让我们中华人民共和国的国旗更红更红更红，就需要让我们的国土更绿更绿更绿。（笑声）

王佳一：其实真是的，古人就很讲究亭前屋后院落当中有很多植被在覆盖着，来涵养生息。

李燕：是的，我觉得作为一个城市或者一个居民区周围的这些树木整个可以构成这样一个地区的小气候。

王佳一：其实现仪人也很重视亭前屋后的环境，比如我们购买房屋的时候如果旁边有河有树或者有很大一片植被它的房价要比普通没有树没有水的地方要高很多的。

李燕：居住环境是和我们最密切的环境，如果你眼前是一片黄沙，我相信你一定要搬家的，即使当地的环境不是太好，但是仍然要采取种种措施引进点水源做人工湖、人工喷泉，人们常说，我们人是从大森林里来的，我们即使离开了大森林，可是从我们本性来看我们还是留恋森林和清水，度假的时候大家往往找有青山森林绿水的地方，不会说在沙漠里弄一堆儿火烤烤。

王佳一：您刚才说的两个字“搬家”真的深深地触动了我，真的如果眼前是一片黄沙谁不搬家呀，为了我们这个城市能够存在得更加久远都靠我们自己的努力了。

李燕:是这样,石河子地区当年就是戈壁,谁愿意在那儿住,后来因为周边的战士还有青年不辞辛苦地迁居到那儿去,首先搞的就是绿化,形成了一个良好的环境。

王佳一:我们确实通过很多镜头看到了石河子现在的美景,让人感觉那是一个绿化的花园,是沙漠中的绿洲和一颗明珠。

李燕:是,尤其从天空俯拍,它不是一颗小小的明珠,它是在相当大的一个地区搞成这么一个绿洲,这个绿洲首先固定表层的植被,是非常脆弱的,但是它是基本的。然后在上面又扶植一些耐寒的灌木,这种情况下树就可以长活。

王佳一:那就让石河子成为我们的榜样好了,即便我们的基础要比它好得多得多,但是我相信用他们的毅力思想和意识会让内地的很多城市的人也有很多的动作,比如去参加植树造林工作和活动,接下来李委员您倡议一下好吗?

李燕:我们看到石河子是成功的经验,几十年把戈壁滩变成了一片适合人们居住的很美的绿洲,但是要想破坏一个环境可不用40年50年,很短的时间之内就能够破坏掉,所以保护环境的意识要非常自觉、非常强,而且要持续不断,有个漫画画的非常说明问题,一个人扛着铁锹和树苗往前走,旁边一个朋友路过问他,你干吗去?植树去,上哪植?去年老地方。有人护才能达到绿化的目的。(笑声)

【录音结束】

【歌曲:《好大一棵树》】

王佳一:刚才李委员在他的介绍里面提到冯玉祥将军曾经说过,谁砍我的树我砍谁的头。

顾峰:并且他写了一首护林诗:老冯驻徐州。

王佳一:大树绿油油。

顾峰:谁砍我的树。

王佳一:我砍谁的头。

顾峰:今天上午我们的话题是我最什么什么的一棵树。已经有朋友参与我们的话题讨论了。0500 说,我喜欢的一棵树是我们家院里当中的大槐树,夏天把我屋子遮得特别凉快。

王佳一:手机尾号 2211 的朋友说,我们家住在劲松的时候院子里那棵大杨树给我留下了童年最美好的记忆。

顾峰:4018 说,我爸最恨的一棵树就是我们家门前那棵松树,因为它我小的时候我爸没少给我补裤子。

王佳一:0882 的朋友说,今天我带女儿去植树,我们去平谷,祝福我的女儿向小树一样茁壮成长,祝福他们吧。

顾峰:再来看看 2353,对于我们绿化养护人员来说每棵树都很重要和珍贵。

王佳一:7089 说,我小的时候院子里一棵核桃树给了我夏天和秋天的零食,那是最解馋的一棵树,怀念呐,现在没了。

顾峰:突然想起来了,那会儿在我姥姥他们家院前院后都是大枣树,特别香,大家吃的时候一定能够体会到当年种树时候的一种美景。

王佳一:尤其是小的时候本来个子就矮,那树再高点对比非常强烈。看看桑树上的桑葚,就想怎么能“够”下来。

顾峰:是呀,不是说樱桃树是樱桃好吃树难栽吗? 一般都是爷爷种树孙子享受果实。

王佳一:对,所以前人栽树后人乘凉之外还有一个。(笑声)

顾峰:前人栽树后人吃果。(幽默的语气)

顾峰:4070,我小的时候房后有一棵两人抱的春树,现在我们家搬家20年了,那棵树也因为拆迁被砍伐了,挺可惜的。

顾峰:希望大家能够想一想,在你的记忆宝库当中一定有一棵树或许是你童年乐趣的来源。

王佳一:或许是定情许愿的见证。

顾峰:或者是鼓励你前行的悬崖边上的英雄。

王佳一:也或许是湖边堤上袅袅婷婷的美人。

顾峰:希望你能够想一想,说说那棵树。

顾峰:接下来为您搜索一下路面上的最新情况。

【路况信息】

【片花】

王佳一:北京时间 8 点 18 分 48 秒,一路畅通欢迎大家继续收听,今天是顾峰和王佳一为您主持,我们的话题是我最什么什么的一棵树。

顾峰:那会儿经常听大家在说一句话,要想富多种树。

王佳一:手机尾号 7029 的朋友说,要想生活好,树就是一块宝。

顾峰:我最敬佩的一棵树是黄城根小学的一棵老槐树,听说有一百多年的历史了。

王佳一:是,经历风雨之后沧桑的感觉曾经鼓励过你对吗?

顾峰:是呀,那我们也希望大家在生活当中都能够保护古树,如果看到一些破坏行为及时举报一下。

王佳一:现在有很多房产项目看到中间有古树的时候已经开始自动自觉地保护了。但是我发现有些地方的树正好在马路中间,还是用砖头砌起来的一个围档,可是如果在夜间视线不好的话哪位要真是喝多了没准儿就冲上去了。

顾峰:复兴门桥到天宁寺桥马路中间就有一棵树。

王佳一:另外庄胜商场的北边再往西走的路上也有那么一棵树,我觉得这个应该划上一些反光标志:不能酒后驾车。刚才那个事情希望永远不会发生。(笑声)

顾峰:手机尾号 4565 的朋友说,两位好,祝贺一下我吧,今天是我的生日,每年到生日我就接受一次环保教育植树节，我说我怎么这么热爱大地。

王佳一：如果每次生日的时候都能够种上一棵树多好，政府应该划上那么一块地专门种生日树的。

顾峰：现在很多人都在响应号召种什么结婚树、爱情树。

王佳一：德国的波恩市每年植树季节小伙子就要送给姑娘一棵精心挑选的白桦树苗亲手把它栽好表达爱慕之情，所以称作求爱树。

顾峰：以后结婚的时候干脆送棵树苗得了。

王佳一：如果真的恋爱这么多年，每天种树的话就可以送一片林子了。

顾峰：呦，真挺美的，两个人坐在大树底下，大树底下好乘凉啊！（幽默的语气）

王佳一：（笑声）我们永远不砍伐，是属于我们大家的，多好。

顾峰：比如在您家生孩子之后也要种树。

王佳一：在非洲坦桑尼亚的很多地方有一种添丁种树的风俗，表示希望孩子像树一样茁壮成长。

【歌曲《小松树快长大》】

【采访录音】

王佳一：接下来我们请出的就是全国政协委员演员王铁成先生，请他谈谈植树造林的重要性。

王铁成：北京交通台的听众朋友们大家好，我是演员王铁成，可能大家知道这个名字，但是遗憾的是跟大家见

不了面。植树是改善我们生活的最重要的一种手段,绿色代表着生命,种树必须后期管理要跟上,后期管理跟不上你不要去植了,白费力气,该浇水的浇水,该养护的养护,这个比植树要麻烦得多,但是我们植哪棵树都要保证哪棵树成活,它也是一个生命,我们也要善待它。希望大家踊跃参加,谢谢。

王佳一:谢谢你,刚才我们王委员说了,北京的汽车发展过快,由于车辆太多,不光是道路交通拥堵,对我们的环境也有一定的影响,所以我们通过植树造林来弥补一下。

王铁成:弥补是很难消除 250 万辆汽车的这种尾气污染的,我住在郊区,没进三环路的时候不管是晴天雾天,只要上面不降雨的情况下我睁眼一看前面雾蒙蒙的就知道快进市区了,生活在这么一个环境当中我觉得很可怕了。

杨延文:北京交通台听众朋友们大家好,我是全国政协委员杨延文,3 月 12 号是我国的植树节,我相信每个人都会知道前人种树后人乘凉这样一个伟大的哲理,我们前人应该在绿化祖国这个活动当中种下自己一棵树,让它不断地长大为后人乘凉做出我们自己的应有贡献。

【录音结束】

王佳一:3 月 12 号植树节让我们种下一棵希望的种子,收获一个健康的明天。

王佳一:刚才王委员提到的,如果汽车增加了很多很多之后排放的尾气用种树(这种方式)是难以弥补的,但是它毕竟有一点儿缓解的作用,日本就有这样一个规定。

顾峰:在日本有一个特殊的规定,凡是私人增添一辆汽车必须要植一棵树,因为每辆汽车每天要排出大量有毒的碳氢化合物还有噪音,而树木则是天然的消毒源和除音器,所以必须种树。

王佳一:手机尾号 0527 的朋友,不知道是否开着车和他想要成为女友的一个女孩一块儿去植树呢?

顾峰:我很喜欢我车上的女孩子,可我没有勇气和她说,你们帮我说一下好吗?她叫李海滨。

王佳一:是不是俩人一块儿种棵树,种下一棵希望的树你们就有希望了。

顾峰:手机尾号 8852 的朋友,我的一个朋友今天过生日,他妈妈因为他在植树节那天生,所以给他起名字叫做韩林涔,帮我祝他生日快乐好吗?

王佳一:祝今天所有过生日的朋友生日快乐,希望能植上一棵生日树。4520 的朋友说小时候去植树,校长郑重宣布——

顾峰:树洞一定要挖成平行四边形的。

王佳一:虽然我们不懂是什么道理,但是我们也是按照他(说的)去执行,没准儿树的成活率真的会提高很多。手机尾号 5590 的朋友,初中的时候集体植树我把腰扭了,现在有的时候还会疼呢,所以大家干活的时候一定要注意姿势和力度。种树也很讲究科学。

顾峰:是,你知道世界上一棵标在地图上的树在哪吗?在非洲尼日尔有一棵国人视为珍宝的树,它是全世界唯一一株在比例1/100万地图上标出的树,因为它生长在尼日尔的寸草不生的特内雷地区因而得名是特内雷树,它在一望无际的沙漠中昂然挺立了180多年,为了吸取养分和水分它的根深扎到沙漠一下30多米的深处。

王佳一:它一定能够鼓励很多人在自己的岗位上也深扎下去,自己一定会成长为一棵参天大树。

顾峰:不幸的是1973年的11月特内雷之树被汽车撞死。

王佳一:说完这个之后,我们想说的一句话就是提醒所有的人们爱护树木,开车的时候要注意安全。广告之后我们再和大家交流我最什么什么的一棵树。

【路况信息】

【广告】

【片花】

顾峰:这里收听到的是一路畅通,欢迎你的继续收听大家好我是顾峰。

王佳一:我是王佳一。

顾峰:刚才又想起了一个宣传的口号,叫做要想富少生孩子多种树,其实种树不仅能够富还使我们的生活更加幸福。植树造林的好处有许多,首先就是自动的调音器。

王佳一:夏日树荫下气温比空地上低10度左右,冬季又高出两到三度,空调呀。

顾峰:同时它还是天然的除尘器,树叶上长着很多的细小的绒毛和黏液能够吸附烟尘当中的碳硫化物等等这些有害的微粒,还有病菌病毒等等有害物质,还可以大量减少空气当中的尘埃。

王佳一:我最爱的一棵树,我最敬佩的一棵树,我最难忘的一棵树,您都可以跟我们交流一下,今天是 3 月 12 号,植树节,我们的主角就是树。

顾峰:1828 说了,我小的时候门口有一棵老槐树,初夏的时候总会开出小白花,可漂亮了,树上还有一个鸟窝,每当喜鹊孵小鸟的时候我与小伙伴都会爬上树去偷偷地看一下。

王佳一:喜鹊孵小鸟?

顾峰:喜鹊是可以孵的。杜鹃不会孵,是找别人来孵的。

王佳一:对不起喜鹊,我忘了。(笑声)6559 说,我在小学的时候种过一棵树,后来看报纸有的人为了挣更多的钱就把树烧了,那块地就不能重新利用了,为此我担心了好一阵子呢,我的树啊。

王佳一:刚才有个朋友发来短信,他认为西北的胡杨树最棒了,这种树种活之后可以三千年不死,死后三千年不倒。

顾峰:倒下后三千年不腐朽。

王佳一:虽然我们不知道,但是它的生命力确实值得

我们敬佩。

顾峰:让我想起了西游记当中猪八戒偷吃的人参果,三千年一开花,三千年一结果。

顾峰:0806 说了,和男朋友认识那年在郊外种了棵树,头两年还在,去年再去没了,特别伤心。

王佳一:有人养护栽过的树是最重要的,尤其应该给它浇水。4104 的朋友,他们种树跟学雷锋一样,三月里来,四月里走,季节性很强,对于有些人来说确实是这样。

顾峰:希望通过我们今天的节目能够唤醒大家对于环境保护的意识,今天是 3 月 12 号,大家不妨通过短信的方式编写一条针对植树节的一条公益广告。

王佳一:我们也可以给您发送出去,当然不光是要发出去,我们也要真正在思想深处重视起来。

顾峰:7313 说了,今天是植树节,也是洁子的生日,希望通过你们的声音祝她生日快乐、家庭幸福,并祝愿她的母亲身体健康。

王佳一:刚才我在想,真是每个人过生日的时候都在政府规划的一个范围内植树的话那该多好。

顾峰:对,比如家庭围着一个圈儿。

王佳一:幸福家庭林。

顾峰:这样能够造福子孙后代。

王佳一:手机尾号 4232 的朋友最喜欢最无奈的树是小的时候他们家院子里的杨树,因为他挺怕杨树花的,记得从幼儿园回来看到满院子的杨树花他都吓哭了,说什么都不进门，后来搬家了，再回去看的时候它已经不再了，突然心里边挺难受的，这才知道它在他心里已经扎了根了，后来解释一下，杨树花像毛毛虫，所以我才害怕的。

顾峰：其实核桃树那花也不怎么样，更像毛毛虫。7885 的朋友说了，现在我们走在去植树的路上，去了 50 多辆车，有很多的人都投来羡慕的目光。

王佳一：我们 1039 汽车俱乐部今天也是去植树，带着好多会员去植树，一会儿我们连线一下，问问去年那些树成活率多少？手机尾号 0879 的朋友，他最喜欢的一棵树是家门口的大枣树。

顾峰：因为我和老婆从小就吃树上的大枣特别甜。难道您是两小无猜青梅竹马吗？

王佳一：人家绕床弄的是青梅，您弄的是大枣，好。（笑声）8554 的朋友，爸爸是我心中的一棵大树。

顾峰：3636 说了，原来我们家住平房，院子里有三棵枣树，现在住楼房了，枣也吃不上了，真的很怀念啊。

王佳一：所以我们要多种树。关于植树节种树的问题，画家王明明同志真的谈到了。

【采访录音】

王明明：北京交通台的听众朋友们大家好，我是王明明，3 月 12 号是植树节，爱我北京青山绿树，维护优秀生态环境，这是我关心的一个话题，因为我经常到郊区去写生，去郊游，所以对北京的青山绿水特别有感情。

王佳一：那个时候的环境和现在（的环境）您认为区

别在哪里,我们是退步了还是进步了?

王明明:其实因为我们几十年在北京经常到郊区去,尤其是我们画画的,经常夏天跑,我感觉北京也发生了非常大的变化就是绿树多了。最大的问题就是树木种得太单一了,感觉一片一片的规划得太细致了,我喜欢山林里边杂树丛生的这种环境,这样更适合人在里面的观赏和游玩,人与自然的环境应该营造的更自然为好。

王佳一:普通的市民对树木的了解可能太少了,因为知识的欠缺也造成了这个问题的发生。

王明明:我们的林业专家应该提出非常好的意见,这样对山林来说就更有吸引力了。

王佳一:谢谢您了王老师,谢谢。

【现场采访】

【歌曲:《家乡的龙眼树》】

王佳一:这首歌是《家乡的龙眼树》。1432 说,原来我太姥姥的房子的阳台上有棵柿子树,每到秋天那柿子像大红灯笼似的,特别甜,可惜拆迁的时候给砍了。

顾峰:手机尾号 1624 的朋友,今天植树节,四元桥北正砍树呢。

王佳一:说如果有的地方的树必须要砍的话应该在北京周边的某一个地方植上 10 倍 100 倍于他砍树的数量。

顾峰:毕竟砍一棵树是非常的容易而植一棵树是非常非常的难。

王佳一：今年两会很多委员提出来了，不光要看GDP，还要看长远目标，可持续发展。

顾峰：治理沙化耕地控制水土流失，增加土壤的蓄水能力也可以大大地改善生态环境。

王佳一：2698的朋友说，我印象最深的是13年前参军到新疆，一望无际的戈壁，看不到一棵树，但是却看到军营的一棵棵白杨树特别亲切。

顾峰：突然让我想起了一首歌曲，就是那首《小白杨》。

王佳一：手机尾号4957的朋友，我们家住在马连洼，这儿在进行拓宽道路施工，希望能够把旁边的大杨树留下来，看看现在五环里哪儿还有林荫道呀？（感慨的语气）

王佳一：好多树其实现在的小朋友都不太认识的，因为城里边树种太少了，真应该引起重视。

顾峰：2190说了，在我童年的记忆当中，妈妈单位的小花园里一点不亚于鲁迅儿时的百草园，下学做完功课，我就跑到小花园，为每棵树浇水，现在他们消失了。

王佳一：挺遗憾的，6369说，得到2050年中国的森林覆盖率才能达到并稳定在26%以上，生态环境基本达到良性循环，任重而道远。不要年年种树不护树了！

顾峰：我们大家要为了自己的生存环境从自己做起。

王佳一：树叶在阳光下能够吸收二氧化碳并制造人体所需的氧气，一公顷阔叶林每天吸收一吨二氧化碳，释放氧气 700 公斤,所以人们把绿色植物称为氧气制造厂。

顾峰:为自己的生活创造一抹绿色希望从大家做起。

【路况信息】

【片花】

王佳一:《一路畅通》现在是 8 点 49 分,继续陪伴大家同行的是主持人顾峰和王佳一。

顾峰:当您在买车的时候一定要植棵树,因为绿化能够吸收声波减低城市的噪音。

王佳一:有的时候国外的一些先进的做法我们就应该学习。有一个谚语快板我们给大家念念。

【快板】

王佳一:要想富,多栽树。

顾峰:造林即造富,栽树即栽富。

王佳一:眼前富,挑粪土;长远富,多栽树。

顾峰:要得聚宝盆,荒山变绿林。

王佳一:宝树盖荒山,不愁吃和穿。

顾峰:穷山和恶水,青山和绿水。

王佳一:山上没有树,庄稼保不住。

顾峰:村有千棵杨,不用打豺狼。

王佳一:前人栽树,后人乘凉,村上无树锅不开,四方绿化沙不来。

顾峰:多植树广造林,现在人养树,日后树养人。

王佳一:抱歉,让您耳朵受苦了。

顾峰:关键我们想宣传一下多植树能够造福人类嘛,

这首歌来自许巍，歌的名字叫做《树》。

【歌曲：《树》】

【采访录音】

龙瑞：北京的听众朋友们大家好，我是中国画研究院的画家龙瑞，前人种树后人乘凉，3 月 12 号咱们的植树节，让我们种下一棵希望的种子，收获一份健康的明天。

赵士英：北京交通台的听众朋友大家好，我是画画的赵诗英，水是生命之源，树是水的卫士，绿化环境美化人生，3 月 12 号植树节，让我们种下一棵希望的种子，收获一个健康的明天。

【录音结束】

王佳一：伴随着这棵树，我们今天这个时段就要结束了，九点钟之后我们再回到节目当中来。

【片花】

王佳一：说谚语的同志们注意了，现在开会了，手机尾号 4487 说，听刚才你们俩说跟树有关的谚语顺口溜怎么跟村里的主任和村长广播发言似的。

顾峰：来播一下天气预报，今儿刮明儿刮后儿还刮（幽默的语气）

王佳一：这风比较大，走在高速上要注意安全。（笑声）

顾峰：刚才我们让您受刺激了，您要是刚才一笑我们的目的就达到了。

王佳一：开车的时候要把稳了方向盘，待会儿我们还

有节目呢，说之前我们还得说说朋友们发过来的跟树有关的信息。有的短信还真的能引发人的思考。

顾峰：9560 说了，我 7 岁的时候和我爸爸在我们家院子里种了一颗杨树，现在树都两个楼房那么高了，我今年都 11 岁了，才一米高，真急死我，我要和树长得一样快该多好呀。

王佳一：这辈子没戏了，两房高啊，小顾同志，不是两个楼房高，是两房高。过去平房两个平房那么高，一看就没住过平房。

顾峰：呦，那您可还说错了。（笑声）

王佳一：手机尾号 5618 的朋友，我是密云人，密云的树木很多，绿化率很高，绿色的密云欢迎各位朋友来玩儿。

顾峰：9945 说了，我特别想以前在姥姥他们家院子里那棵花椒树，走在树下可以闻到麻麻的花椒味，十分的怀念。

王佳一：8629 的朋友有点黯然神伤，他说儿时的藤萝架、丁香树各种花草都没了。

顾峰：8311 说，记得小的时候北京树特别多，现在已经被高楼大厦所取代了，夏天很多大街都在暴晒着，走在路上就像热锅上的蚂蚁。

王佳一：现在有些交通标志设立的高度正好是人们视线所及的，如果被树挡住了可能会影响安全驾驶，我们理解一下吧。但是应该在别的地方再加一点呀。

顾峰:5913 的朋友说,我在小学二年级的时候,种了一棵树,每年 8 月开两次花,它伴我 20 年,如今又在军营里种下了一棵白杨树,伴我在军营的每一天,送一首《小白杨》好吗?那首歌我非常喜欢。

王佳一:一起感受一下这棵《小白杨》吧。

【歌曲:《小白杨》】

王佳一:它长我也长,不光一起守边防,还一起建设这个美丽的城市、这个伟大的国家。

顾峰:今天上午我们说的话题就是我最什么什么的一棵树,希望北京能够更绿,天能够更蓝,大家的生活能够更美。

王佳一:手机尾号 5700 的朋友,何止观赏呀,还能救命呢!

顾峰:我最感激的一棵树,那年去密云玩儿,落下悬崖的一瞬间被神树拦下了,救了一条命呀。

王佳一:是否抱拳拱手唏嘘感谢呢?

顾峰:大哥,谢谢啊!(幽默的语气)

王佳一:(笑声)我想听到这首歌曾经在军营里面待的朋友都会有体会和感受,这是军营里面非常受战士们欢迎的一首歌,同时也是很多军营里面的象征,看着一排排小白杨的时候真的跟朋友们的家一样。

【电话连线采访】

顾峰:接下来连线一下 1039 汽车俱乐部的工作人员。

王佳一:因为我们植树车队已经发了好几队的车了,是吧志伟?

志伟:佳一好,顾峰好,现在已经出去大概 50 辆车,现在还有 20 辆车我们正在调动,今天去顺义太阳村植树,一共 75 辆车,170 多个人,我们准备植枣树,去年这个时候我们在八达岭野生动物园也植了一批树,成活率在 93%。今天植的枣树也是顺义的太阳村在秋天成熟之后还会有枣下来,也是太阳村的一个产业。今天天气太凉,风也比较大,这个时候植树可能更能感受到我们植树的意义,为我们北京的环境贡献出一份力量。

王佳一:谢谢,祝大家一路平安,在植树的时候一切顺利,成活率 93%以上。

【采访结束】

【喊口号】(配乐说谚语)

顾峰:芝麻开花节节高。

王佳一:过河要搭桥、植树要育苗。

顾峰:条儿要青,苗儿要新。

王佳一:种树有诀窍,深埋又实捣。

顾峰:移苗有诀窍,莫让苗知道。

王佳一:起苗不伤根,土要踏得紧。

顾峰:移苗带老土,活棵就发粗。

王佳一:三分种树七分管,十分成活才保险。

顾峰:要叫树成林,把好护林关。

王佳一:光栽不护,白费功夫。

顾峰：人怕伤了心，树怕伤了根。

王佳一：生儿生女靠教养。

顾峰：植树造林靠抚育，靠抚育！

王佳一：希望我们今天和每一天种下的每一棵小树都能够健康成长起来，让它们生命之树常绿，也让我们希望之树常绿啊。

顾峰：来看看大家的短信吧，手机尾号2985的朋友说，我住的小区里，原来种满了梧桐树，枝叶茂盛美极了，后来不知道为什么长虫子了，结果去年秋天全被修理得秃了，可惜，看来不仅要种树还要好好的养护。

王佳一：0609说，我婆婆家有枣树、杏树、桃树、樱桃树、核桃树、酸枣树，嫁到他们家我很幸福吧。

顾峰：真是，您婆婆家哪儿的呀？给王佳一找一个婆家。（笑声）

王佳一：1266的朋友说，以前北京到处是高大的杨树、槐树、梧桐树，现在都是矮矮的小树，太可惜了。

顾峰：6269的短信说，我爸在我出生的时候种了一棵白玉兰树，现在已经25岁了，长得已经超过了七层楼了。以前最有面子的事就是每天早晨把白玉兰花发给老师还有小朋友们。

王佳一：发给，多自豪呀！手机尾号3181说，我小的时候像猴一样，在五六棵树上蹿来倒去，树是我的福星，大家一定要保护树木。

顾峰：3686的朋友说，我最痛恨的就是树林边上的小

水沟，已经严重污染了环境，一到夏天特别难闻，不知道为什么没有相关的部门管理管理。

王佳一：手机尾号 1557，虽然今天又是风又是冷，我和老公还是带着我们 5 岁的儿子去希望村种树，这可是我冒着儿子得病的险去种树。做这么有意义的事，孩子下了车以后加强点运动，不要缩着一定要动起来，只要动起来他绝不会感冒的。

顾峰：对，比如说穿上什么滑雪服，是吧王佳一？

王佳一：我做的准备比较充足。（笑声）

顾峰：我们再来搜索一下其他方面的路况信息。

【路况信息】

【片花】

王佳一：手机尾号 9859 的朋友，你们俩今天使劲地忽悠树，可激起了我的思乡之情，我的家乡在西北，那里的树真多，鸟语花香，人间仙境就在那儿呀。0411 的朋友，石景山八角村有一棵古老的银杏树，这棵树夏天是绿的，秋天地下是金黄色的，可美了。

顾峰：对，不同的季节不同的风景。手机尾号 5670，今天过生日的挺多的，替我问候一下同事张杨生日快乐，我们店里一个男孩，追他两年了。为何不让他俩今天种一棵树呢？

王佳一：带着他们俩，走！2233：我们家在潮白河边，小的时候郁郁葱葱的树林现在被采沙石都挖光了，伤心，快找人治理一下吧。

顾峰:可以拨打举报热线。7141 说了,小的时候老家前院有一棵水蜜桃树,味道美极了,后来至今没有尝到那么好吃的桃子。因为那是您亲手的劳动所得。

【采访录音】

王佳一:绿色,自然。2190 说,我认为最浪漫的是白桦树,它代表爱情和纯洁;最伟大的是松树,它代表坚韧和无畏,我们应该向它们一样为人坦荡。说到树人树木,我们政协委员陈铎老师也有话要说。

陈铎:北京交通台的听众朋友们大家好,跟你们一样我开车的时候也经常听北京交通台的广播、信息,佳一他们的调侃都悦耳得很呢。

王佳一:您的意思是,我们就是车流中的一棵绿树了?

陈铎:提提神儿,太高兴的时候提个醒儿,别疏忽了,光是一棵树不行,总得绿树成荫,所以不同的分工和专业大家都在自己本行业努力地工作,这本身也是在黄土地上描绘最新最美好的图画,我们的和谐社会和谐音越来越多,不和谐音越来越少。

王佳一:3 月 12 号我们还是要倡导一下植树造林。

陈铎:太应该了,北方地区也有这么一个困难,种了树以后要有条件跟踪它,希望您如果已经植过树了,有条件的话开车去看一看,带点水去那儿浇一下,真正让您种的那棵树能够绿在大地上。

陈醉:北京交通台的听众朋友大家好,我叫陈醉,是

中国艺术研究院美术研究所的研究人员。

王佳一:是沉醉在美好的景色当中吗?

陈醉:你说的太对了,我原名叫陈国朝,后来就是用谐音,沉醉于艺术沉醉于美景沉醉于人生,用了一个笔名,后来这个笔名用得太响了,逼得我把名字改过来,要不然上不了飞机。

王佳一:这毕竟是表达了对生活无限的热爱才用了这个笔名。走过这么多城市您最喜欢哪个?

陈醉:应该都非常好,我很有幸在中国现代史上最重要的三个城市都待过,北京、上海、广州各有各的好处,生活和工作来讲最好的城市还是北京。

陈铎:其实他本人是南方人,他自己称南蛮子,他都这么爱北京。

王佳一:今天我们用我们的语言和绘画来表达祖国的美好,其中有一个就是植树造林工作要做得更好一点,山更青了,水更绿了树更多了我们才沉醉了呢。

陈醉:我希望尤其是北京,当年来到北京最不习惯的就是它的风沙和干燥,这点跟南方没法比,一到冬天就风沙滚滚,这两年稍微好一点儿。我们很希望北京能够把绿化搞好。

王佳一:这是每一个生活在北京的人最大的愿望了。

陈醉:希望我们大家一起去努力。

【录音结束】

王佳一:和你相伴的有《一路畅通》的主持人,有你的亲人和朋友，别忘了还有那一棵棵挺拔的绿树。

顾峰：今天我们的话题是我最什么什么的一棵树，可能很多朋友不能够参与到节目当中，希望在明年的今天、后年的今天、或者 10 年之后的今天我们谈起这个话题的时候您有很多的话都要和我们讲。

王佳一：已经有一棵您亲手栽植的树不断成长起来了，这是我们最想看到的结果。

顾峰：5149 说了，30 年前植银杏，童心一棵为革命。

王佳一：昔日小株已有灵，笑迎佳一与顾峰。谢谢，希望有更多的树能够张开怀抱和笑脸，咱俩有了梧桐树不怕飞不来金凤凰，我们祝愿这个城市祝愿这个国家吧。

顾峰：今天上午的《一路畅通》就到这里了，王佳一和顾峰感谢您的收听，下午的 5 点我们再见吧。

【结束曲】

【片花】

（以下内容是下午《一路畅通》节目的片段，是延续上午节目所做的采访。）

王佳一：有我陪着你呢，《一路畅通》欢迎你收听。

顾峰：她是王佳一，我是顾峰，欢迎大家。接下来我们给大家带来路面上的最新情况，欢迎大家伙儿。

【路况信息】

王佳一：如果听到我们的声音，知道到家了，那么看到一棵大树 6060 就不迷路了。

顾峰：我奶奶家那个村子有三棵特别高的树，有一次

迷路了,就是大树把我带回家的,因为就它高,看得见。

王佳一:所以我们得多植树,而且要种类繁多,要不然还得迷路。

顾峰:是,能够当成一个灯塔,指明您回家的道路呀。

王佳一:不光是这样,还能解馋还能解饿呢。7691 就说了,饿了,要是有一棵苹果树该多好。

王佳一:路边的苹果不能随便摘。(唱歌)

顾峰:如果饿了就摘,(唱歌)您要是牛顿就好了,那会儿在大苹果树底下,看到苹果从树上掉下来。

王佳一:他直接吃了,没准儿一个优良品种的新苹果品种就由他来研究出来了。

顾峰:这是我们的一个美好的愿望。

王佳一:3071 的朋友说,我是参加植树那拨儿的,回来了,就是冷点。

顾峰:我挺羡慕你的,而且我觉得王佳一今天穿的滑雪服真对。

王佳一:不过有些外国记者朋友在那儿拍来拍去,我觉得有点对不起同胞。

顾峰:大家的身体健康是很重要的,我们的环境保护更重要,今儿中午我在睡觉的时候就接到了联通公司替国家林业局发过来的一条提醒信息。

王佳一:怎么说的?

顾峰:说今天是 3 月 12 号植树节,请大家多植树,植好树,注意保护。

王佳一:是,要不然怎么会有这么大风呢?而且沙也不会这么强。

顾峰:对,这两天沙尘天气影响了大家的生活。有关人士提醒大家,认清沙尘对健康的危害。

王佳一:都有什么大的危害?

顾峰:人类的鼻腔、肺等等器官对尘埃有一定的过滤作用,但是沙尘暴这种剧烈天气会带来细微粉尘过多过密,极有可能患有呼吸道过敏性疾病的人群是旧病复发。

王佳一:另外我看到,小顾。这个你也得注意点。

顾峰:流鼻涕、流眼泪、咳嗽等等刺激症状和过敏反应。

王佳一:严重的可以导致皮肤炎症还有结膜炎,我现在想你这个眼睛是不是风沙吹成这样的?

顾峰:很有可能,我必须要去看一下医生了。

王佳一:就是,之所以今天王佳一去植树,顾峰没去就是因为眼睛做了一个小小的手术是吧?

顾峰:五眼儿青似的。

王佳一:像擦了眼影似的。(笑声)

顾峰:人家说了,我们擦眼影擦两边,您就擦一边。

【路况信息】

王佳一:希望我们身边经常吹一些清风、微风、和风,少了点儿大风、烈风、飓风、狂风。

顾峰:风吹来了,桃花开了。

【歌曲:《桃花朵朵开》】

【电话连线采访】

王佳一:欢迎大家回来,今天我们种的是枣树,在京郊太阳村,那里居住的都是服刑人员的子女,在那里他们得到了社会的关爱,也得到了很多小朋友的关爱,一会儿我们有一个采访是针对太阳村的,首先登场的是几个小朋友然后是一位家长,最后是太阳村的村长。你把什么带给这些小朋友了?

王玉:把我爸爸新买的铅笔捐给他们,让他们可以练字,拿尺子让他们做做算术题。

王佳一:真乖,你叫什么名字呀?

王玉:叫王玉。

王佳一:谢谢王玉。

王玉:我还捐赠了一本安全书,我还捐赠了一本喜剧书,让他们不高兴的时候能够开心起来。

王佳一:长大了你一定是个非常优秀非常出色的小学生,谢谢。

王玉:谢谢。

王佳一:你也说说,你为什么来到这里?

徐坤:我给他们捐了铅笔和本,让他们可以写字,可以装东西。

王佳一:你叫什么名字?

徐坤:我叫徐坤。

王佳一:你知道今天是什么日子吗?

徐坤：今天是植树节。

王佳一：爸爸有没有给你讲怎么种树呢？

徐坤：会，就是先挖一个坑，把树搁进去，不要搁到底，搁到上面一点，然后再添土，添完土以后拿脚踩实，过两天再看看给它浇水。

王佳一：谢谢。

徐坤：不用谢。

王佳一：你给这个小朋友带的是什么呀？

韩心宇：是我三年的所得的所有本。

王佳一：是有了好成绩以后学校奖励给你的吗？

韩心宇：是。

王佳一：谢谢你，你叫什么名字？

韩心宇：我叫韩心宇。

王佳一：谢谢你，你为什么来到这里呢？

韩心宇：因为我觉得这些孩子离开了父母很可怜，给他们捐献一点东西，尽力吧。

王佳一：你的名字叫什么？

郑雪峰：郑雪峰。

王佳一：多种一些树会给你带来什么样的收获呢？

郑雪峰：不知道。

王佳一：会有那么多的氧气，不会带来马上大的风沙了，你觉得是好事吗？

郑雪峰:是好事。

王佳一:今后呢?

郑雪峰:今后会爱护环境。

嘉宾:今年是 3 月 12 号植树节,跟着爸爸妈妈来植树。

嘉宾家长:很小的时候我们带她到密云那儿植树,那边是一些荒山,她可能自己还不记得,但是给她留了一些照片,后来幼儿园也组织了一些种树的活动,在昌平,等她大的时候她可能会回忆起来,北京的风沙真的是比较大,每年固定的时间都带她出来种树,也能为北京的绿化做一点点贡献。

王佳一:如果每一个孩子养成一个习惯,每到植树的时候都知道我该去种树了,可能北京的绿树会越来越多,环境真的会越来越好。

嘉宾家长:是的,不光是种树,其实平时我们大家在车里面,她吃的零食,剩的纸我们告诫她不要随便仍,从小培养她爱护环境的习惯。

王佳一:很负责任的,家长谢谢了。

张奶奶:北京交通台的朋友们,我是儿童村的主任,我叫张淑勤,但是很多人习惯叫我张村长,孩子们叫我张奶奶。

王佳一:张奶奶现在有多少个被监护的对象?

张奶奶:现在我们有四个点,现在一共有 250 多名孩子,对这些孩子的话首先是要爱他们,让孩子真正有一种感情的投射,就能把思念妈妈爸爸的感情投射在老师身上,第二就是孩子们感觉到这儿确实像家一样,感觉到温暖,在家里面能够感受到成长。

王佳一:他在接受这些影响之后可能他的心理就会比较健康,然后他再去影响他的父母,这样会有一个很好的效果。

张奶奶:对,孩子们教育他们的父母,因为孩子们身上集中了很多人的爱,他会去教育他们的父母使他们的父母能够认罪服法,早日回归社会,回归善良人生。

王佳一:今年春节的时候您领着几十个孩子去河南的女子监狱去看他们的母亲对吗?

张奶奶:对,一年了,孩子们没有见到他们的妈妈,他们想妈妈,我们在春节前带着 30 多个孩子路上整整走了 18 个小时,到河南省女子监狱看孩子的妈妈,这一幕也非常令人难忘。看到孩子以后有哭的、有笑的,也有跟孩子谈话的,但是更主要的是他们寄托了很大的希望,一个是希望孩子们不要像她们这样犯罪,另外她们也希望孩子们能够学到一些本领,走向社会能够自食其力。更重要的是她们从孩子的身上感觉到一丝希望,她们的家庭是有希望的,她们的未来也是有希望的。

王佳一:现在舞台上太阳村的孩子们正在给 1039 汽车俱乐部的叔叔阿姨还有来这里参加活动的小朋友们、

同学们表演节目,我们也进去看看台上的孩子们真诚而善良的笑脸吧。

【采访结束】

【片花】

顾峰:是,刚才我们听到的就是王佳一今天上午参加1039汽车俱乐部组织的一次公益的植树活动,是到顺义的太阳村,育树和育人是在同一时间进行。

王佳一:用爱心去影响孩子,不光是影响自己的孩子还要影响别人家的孩子,有这样爱心的家长,孩子的成长一定会是健康快乐而充满爱心的。

节目评析:

媒体的教育功能不可忽视
——《一路畅通:我最××××的一棵树》评析

大众传播的基本功能是传播信息,即连续不断向受众传递大量信息是第一功能,但媒体的教育功能、劝服功能同样不可小视。

大众传播的教育功能由来已久,并且在当代越来越显示出它的重要性。在大力建设社会主义和谐社会、加强公民道德文化建设的大背景下,大众媒介的教育与科普功能越来越受到重视,特别是对青少年一代的教育,成为当前语境下人们对大众传播媒介越来越高的呼声之一。

(一)好的话题切入点会让教育功能潜移默化

《我最××××的一棵树》是2006年3月12号植树

节所作的一期节目。通过对给自己留下深刻印象的一棵树的回忆,唤起人们对绿色的热爱、对植树节的关注以及对自己所担负的责任的思考和实践。这就是恰恰发挥了大众传播媒介的教育和文化传递的功能。《我最×××的一颗树》这个话题,切入点很具可参与性,浅显易说。既可以勾起听众对与树有关内容的回忆,又便于借题发挥,挖掘树背后的深意:绿色、环境、生命、希望、下一代……在这些可延伸的喻意中,我们重点在几个分支上做拓展,搜集相关的资料,选取精华。话题的双重性使这期节目更耐人寻味。

(二)采访与短信相互呼应让教育功能事半功倍

在破题导入之后,等待听众短信之前,我们准备了相应的与主题有关的采访,并准备了大量的与此相关的资料来丰富节目内容,提高节目的深度和广度。

如:我们准备了好多跟树有关的风俗、典故:"生子树"、"董林杏仙"、"公主柳"、"冯玉祥爱树",还有对时任全国政协委员的李燕同志的采访也在谈绿色的价值和意义。这些素材、段子使得听众对树、对绿化有一个立体的感受。听众跟着我们搜索记忆中与树有关的信息,并发短信参与节目与大众分享。

短信互动的出现,让我们在增强节目可听性、控制节目节奏等方面犹如插上了一双翅膀。我们既带着大家走,又被大家推着走。当然,在短信的选取中也有一定的艺术,如何配合节目的进程、如何将短信设置成点睛之笔都是我们不断去实践、去磨合找到的感觉。

为了在短时间内能给大家提供尽可能丰富的信息，除了祖国大地的变化、国内外环境保护的比较、各界嘉宾的声音、专家的指导都有涉及，让大家开开心心、轻轻松松有所收获，寓教于乐。

(三)巧妙的节目安排能够提高具有教育功能的节目的可听性

背景音乐、播放歌曲的选取也是广播节目中的重要部分，它们能够极好地烘托主题。这一次，我们选了《好大一颗树》、《小白杨》、《桃花朵朵开》等等，还特别选了一首儿歌《小松树快长大》，童趣是美好的记忆，更是整个人生必要的部分，听着这首歌，真是无比的轻快，毫无负担。另外，在节目进行过程中，我们两度将一些与树有关的谚语以配乐 RAP 的形式播出来，也增强了节目的可听性。同时在稍显正统的采访及短信后加入这种形式的内容，也会很好地调节节目节奏，过渡节目内容。

同时，从这期节目可以看出，主持人的表现力和创造力也是节目成功的重要因素，主持人绘声绘色的讲述使得原本枯燥呆板的短信具有了生命力，让生硬的文字变得可爱起来。短信被播出的听众一下就有了成就感和满足感。听众听到自己的短信被念出，突然发现自己的短信原来可以这么生动和活泼，原来可以产生这样的效果，就愈发会激发他再创作的信心。这样一来，良好的听众关系就通过一期期节目培养起来，而每一期节目不同的选题带来不同的闪光点，也使得不同的观众逐渐被吸引，从而一步步培养了越来越多的听众群体。

（四）富有魅力的主持人是听众自觉接收教育内容的重要因素

广播节目中的直播形式对于主持人之间的瞬间语言配合要求非常高，因为它不像电视直播类节目可以使用表情等身体语言。广播全靠声音，一旦不出声儿就没法进行了。整个直播节目中，都需要用一个统一、和谐的节奏去完成，主持人的分工合作非常重要，直接影响着节目的质量和效果。

有着共同目标，共同认识的主持人创造良好、默契的人文环境，会让传播内容更易被接受。台下磨合，台上应变，这样能够成就很多即兴的好节目，大家听着也舒服，影响力自然就有了。

莎翁说过，“幽默和风趣是智慧的闪现。”大家爱听这种智慧，是因为人有一种学习的天性，听众要从节目中获得趣味的知识、有效的信息。有人说，主持人都应该是幽默大师。想要做到这一点，还是得靠学习和积累才能迸发出经典之作。

第八集　一路畅通:谁说女子不如男

【片头音乐】

路况发布及时权威,新闻传递准确快捷,现场热线生动精彩,娱乐生活激情无限,欢迎进入我们的都市快行线《一路畅通》。

【歌曲《由我陪着你》】

王佳一:快乐的早晨开始了,《一路畅通》也和大家见面了,欢迎收听北京交通广播的《一路畅通》节目,我是王佳一。

顾峰:大家好,我是顾峰。请让我对女士们表达衷心的祝贺和感激之情吧。

王佳一:2211 说了,祝佳一和所有的女性三八节快乐,祝顾峰和所有男士们送节日礼物快乐。

顾峰:我想死大家了,再次说声大家辛苦了。手机尾号 5421 的朋友说了,成功女士人敬佩、明星偶像人崇拜、李莉、佳一、刘思伽听众朋友最喜爱,祝交通广播的所有女士妇女节快乐。

王佳一:你看你表扬了三个,得罪了一大片,应该祝所有的女性节日快乐呀。(笑声)好像因为有的女性今天放假的原因,家里边好多事都归男同志管,好像就管不好了。

顾峰:7902 说,北四环最内侧车道隔离带有一条大狼狗在跑,不知道跑到什么时候是头儿呀。

王佳一:3619 说了,在二环的主路上有只黑色的小狗,应该是家养的,希望它能够找到主人。

顾峰:有一个电视连续剧《篱笆·女人和狗》。

王佳一:就因为今天女人放假所以没人管。

顾峰:哦,所以跑出来了,家里缺了女人真不行。

王佳一:那当然了,何止是半边天呀,有人就说了,你看看。

【相声】(省略)

【路况信息】

王佳一:《谁说女子不如男》将分四个时段进行,第一个时段是关爱女孩、赞美女性,第二个时段是爱的奉献、理解女性,第三个时段是温情触动、批评女性,第四个时段是赤子心声、评价母亲。

顾峰:欢迎大家有话直说,积极参与。移动用户请发送短信到 08821039,联通是 8821039,小灵通就到 18821039。

王佳一:这个时段从关爱女孩、赞美女性开始吧。

【歌曲《快乐崇拜》】

【片花】

这里是大家帮助大家的《一路畅通》。

王佳一:《一路畅通》欢迎大家收听,我是王佳一。

顾峰:我是顾峰。今天是三八国际妇女节,向女性们致意了。

王佳一:手机尾号1982的朋友,听到我们刚才点击的资讯里头,有一个自信坚强的女性容易生男孩儿的短信。她说了,那怎么生女孩儿概率高啊?

顾峰:其实我们想跟大家说的就是,生男生女都一样。

王佳一:变得温柔一点儿生女孩的概率就高一点儿,跟您说,生的男孩比女孩多了,将来男孩找对象挺难的。

顾峰:对呀,以后农村的什么孩儿多?城里的什么孩儿多?如果想结婚的话要城里和农村综合一下才行。

王佳一:这只是一个小方面。刚才有朋友说,王佳一怎么有点歧视男性,让女性打65289999报告,不歧视我们男性吗?在城里男女平等做得真是不错了,可是有些农村确实存在不尽如人意的这种现象,我们采访了解到国家计生委搞了一个关爱女孩行动,这个行动让全社会知道男女平等的重要性。

顾峰:我们现在听一下我们的宣传口号。

【宣传口号】

吴勇:大家好,我是北京交通广播警法时空和说案的主持人吴勇,我们真诚地希望全社会都来关注女孩子的成长，培育女孩成才建设幸福家庭。

【宣传口号结束】

王佳一：关爱女孩行动的具体情况，王佳一也对北京市人口计生委的委员杨显平先生，以及北京人口计生委宣传处的副处长刘凤婷女士做了一个采访，让我们一起听听看。

【采访录音】

王佳一：我们首先有请北京市人口计生委委员杨显平先生，给我们简单地介绍一下为什么要开展关爱女孩的行动呢？

杨显平：各位好，大家知道实行计划生育是我国的一项基本国策，实现男女平等也是我国的一项基本国策。但客观上由于受两千多年我国封建社会制度的影响，一些旧的传统观念在一些地区，特别是在农村还根深蒂固，社会上出现了一些歧视女性的这种情况。为了在全社会营造尊重妇女、关注女性这么一种社会氛围，国家人口计生委几年前在全国提出从关爱女孩入手，推出了一项关爱女孩的行动，以此为切入口综合整治出生人口性别比偏高的问题，所以我们说关注女孩就是关注民族的未来。

王佳一：这个话说起来好像是很大，但它实实在在是这个情况，一个女性的身体素质就能决定她生下来的婴儿的身体素质，也就是国家民族下一代的身体素质。

杨显平：他确实对于整个中国民族的强盛是至关重

要的,民族要强盛必须从关注女孩着手。

王佳一:除了生理,心理也很重要,因为一般新生儿都是由母亲带的时间长一点,一个健康的心理状态影响他的孩子,也会使这个婴儿受益终生。

杨显平:母亲的身体健康了,素质提高了,她的下一代强壮、健康素质好,这样对于整个国家的可持续发展非常有意义,希望通过交通台让越来越多的母亲在关心自身的同时要教育自己的子女,特别是女孩,让她在成长道路上真正成为祖国的花朵,将来能为祖国的发展做出贡献。

王佳一:谢谢杨委员,接下来我们请到的是北京市人口计生委宣传处的副处长刘凤婷女士,请她来介绍一下这几年来北京市各区县对于关爱女孩行动都做了哪些工作和努力?

刘凤婷:听众朋友们好,北京市在关爱女孩行动当中做了许多工作,大概是三个方面,一个是宣传,营造有利于女孩成长的环境,一个是帮助,帮助他们解决实际的困难,促进他们健康成长,还有建立利益导向机制,用社会制度帮助他们健康成长。

王佳一:这方面的工作落实到实际上是哪些呢?

刘凤婷:在组织宣传环境这方面,通过一些宣传活动促进整个社会对这个问题的认识提高女孩在社会中的地位,各区、县搞了很多的活动,多次组织了以关爱女孩为题的大风车、三下乡的宣传和展览,组织征文比赛演讲等活动。宣武搞了一个活动就是用讲故事的形式来宣传女孩成长的一些自强不息的事迹，延庆开展了关爱女孩活动专题文艺演出。房山区的志愿者宣传队巡回演出 80 多场，都是关爱女孩的内容，当地群众非常欢迎，也对这个行动有更深的认识。丰台、大兴、怀柔都精心制作了关爱女孩专题板块，还有在营造宣传环境方面有的区做得也非常不错，比如通州区投资一万元在运河广场建立灯箱广告，还制作了 1500 多条宣传带让志愿者佩戴着，利用节假日走街串巷，是流动的宣传，门头沟区在公交车上挂关爱女孩宣传带，乘客就可以阅读。六一儿童节海淀计生委组织了独生子女才艺表演，谁说女子不如男，这些女孩多才多艺，将来也是祖国的栋梁。一些区县还走向了工厂、学校、社区还有村村落落，公众和社会都在最短的时间内了解了关爱女孩行动，更加重视这项工作。

王佳一：今天是三八国际劳动妇女节，接下来请两位给我们的女孩、女性和母亲们一个祝愿吧。

刘凤婷：关爱女孩是一种文化，是一种文明，是一种进步，是一种先进的理念，更应该是一种行动，希望大家都行动起来关爱女孩。

王佳一：那就行动起来吧，杨委员。

杨显平：谢谢主持人给我这么一个机会，在三八妇女节里，我是不是能够代表我们男同胞祝所有的妇女节日快乐，我也希望男同胞在关爱自己女儿，尊重自己妻子、孝敬自己母亲的同时能把更多的爱心奉献给社会上更多的女孩,尊重更多的女性和我们的母亲们,祝大家节日快乐!

王佳一:谢谢,年龄层次一定要区分明白,划分清楚,谢谢。

【采访录音结束】

【片花】

梁洪:大家好,我是汽车天下的主持人梁洪,女孩男孩一样好。

罗兵:听众朋友大家好,我是罗兵,今天的女孩,明天的建设者。

刘月:大家好,我是车友音乐时空的主持人刘月,全社会都要关心女孩健康成长。

王佳一:交通广播的这些主持人所录制的也是关爱女孩行动的一些宣传口号,希望全社会都能够把这个问题重视起来。

顾峰:对,那这会儿我们就来听听大家伙通过手机短信来想表达一种什么样的心情祝福女性关爱女性。0866说,昨天5岁的女儿搂着我说。

王佳一:(学童声)妈妈我爱你,你辛苦啊。

顾峰:真的是非常的感动啊!

王佳一:手机尾号2698的朋友说了。

顾峰:有妇男节吗?太不公平了,我是一位男生啊。(笑声)

王佳一:10 月 28 号是关注男性健康日,欢迎到时收听一路畅通节目。手机尾号 1144 说了,现在男女平等?在城市就是阴盛阳衰呀,别光说农村,打击男性。随着人口素质的提高,我们都会平等的。

顾峰:生男生女都一样,这是我们国家一直倡导的口号。

王佳一:5498 说,女性是温柔使者,国家小家的基础,博爱的化身,让我们向她们表示敬意,祝福他们吧。

王佳一:赞美女性从这个时段开始,您现在可以仔细认真地编写一下您对关爱女孩行动以及赞美女性的短信,在广告之后发送过来。移动用户可以发送到 08821039,联通是到 8821039,小灵通是到 18821039。

顾峰:用什么样的词都不为过。

【片花】

路况发布及时权威,新闻传递准确快捷,现场热线生动精彩,娱乐生活激情无限,这里是《一路畅通》。

【路况信息】

顾峰:今天是三八国际妇女节,向女性朋友致意,今天我们会在各个不同的小时段带来不同的主题,关爱女孩赞美女性。

王佳一:3589 说,三八妇女节到来之际,我祝我的妻子节日快乐,感谢她 10 年来对我和家庭的照顾,也向全市的的哥、的嫂说一声节日快乐,大家辛苦了,祝身体健康,全家美满。

顾峰:2368说了,在三八节到来之际,仅代表个人向长期被女性深爱的男性表示慰问,感谢你们多年来一如既往地为广大的女性服务来挣钱,你们才是三八节里最可爱的人。

王佳一:怎么这个时段把这个念出来了呢?

顾峰:没事儿,咱们男女搭配干活不累。

王佳一:0660说了,谁说女子不如男,我们单位里拿的薪水最多的就是女的,我们是卖机票的。

顾峰:0630说了,我想我们领导也是这么想的,所以为了表示男女平等,今天照常上班不放假。

王佳一:0399的朋友说,我是的姐,祝姐妹们开心美丽。

顾峰:2399说了,我刚刚变成一个幸福的小媳妇,那就是幸福的滋味。

王佳一:8988说了,希望京H59403把刹车灯赶紧修好了,要不然女士驾车多危险。

顾峰:今天是2006年的3月8号,有谁在今天过生日,2088的夫人就是其中的一位。

王佳一:今天也是我夫人的生日,祝福一下吧。生日快乐。5233说了,今天不堵车,是不是女士们都放假了?祝女士们节日快乐。

顾峰:按说应该放半天假。

王佳一:那得是下午,不是早晨。愿你们天天都有好心情,送给女孩们。

顾峰:来自徐怀钰。

王佳一:《我是女生》。

【音乐《我是女生》】

王佳一:我是王佳一,女儿不比男儿差,谁说女子不如男,关爱女孩从我们做起。

孙悦:大家好,我是孙悦,我想说女孩男孩都是祖国的花朵,让全社会都来关心女孩的健康成长。

【路况信息】

王佳一:刚才很多男士对自己身边的女性进行了表扬,其实有两个典范我们刚才没介绍出来。

顾峰:这还有典范呢?

王佳一:现在我们开始应该让理解女性的先出场了。您听听啊。

【相声】(省略)

顾峰:真够辛苦的。

王佳一:终于知道女性们多少不易了吧?

顾峰:再次向女性朋友致意。

王佳一:爱的奉献,理解女性,从现在开始就可以发手机短信了。手机尾号 8117 说了,八年前父母分手了,母亲独自带大我,现在我们在北京买了房子,我也是一名律师,感谢母亲的付出,女儿爱您。

顾峰:2025 说了,我要结婚了,我想通过电波对我的未婚妻子于春燕说声我爱你,今天是你的节日,希望你快乐每一天,祝福我们一下好吗?

王佳一:祝你们幸福快乐,健康幸福白头偕老。手机尾号 2368 他也表扬了一下女性和理解了一下女性。

顾峰:她想逛就和她一起逛吧,那是她的本性,她要说让她说吧,她永远都是对的,因为你爱她,祝所有女性节日快乐。

王佳一:你看,多理解女性。手机尾号 8468,在家里,我老婆就是一把好手,她说啥我听啥,女士们,你们的地位我宣布绝对是提高了。2848 说,我怀孕了,老板一听说就炒我鱿鱼,做母亲的女人一生最大的奉献就是这个时候吧,结果我失业了,三八节了,希望以后这样的事情越来越少才好。

顾峰:您当着老板的面就应该问一句,老板,请问你有妈妈吗?

王佳一:这老板挺愚蠢,工作了这么多年,得积累了多少工作经验,是那些年轻的没任何经验的男士比得了的么?

顾峰:我记得那会儿还有很多单位有女工委员,为女工维权。

王佳一:最重要的是他违法了,女性怀孕期间,如果被开除的话是违法的。要拿起法律的武器跟他斗争到底。

顾峰:这首歌是一位男士唱的,巫启贤。

王佳一:他说什么?

顾峰:《真的谢谢你》。

【音乐《真的谢谢你》】

王佳一:8028说了,我和老公都喜欢女孩,结果我们真的如愿了,我们的小天使已经11岁了,她给我们带来了无穷的欢乐,聪明、漂亮又懂事,我们真是幸福极了。

顾峰:希望千金快乐成长。

【快板】

王佳一:手机尾号3715说,我是上门女婿,今天准备带老婆还有老丈母娘,老婆的嫂子,老婆的二姨和她小侄女去吃饭庆祝三八妇女节。

顾峰:做得真不错,希望大家都向他学习,您是我们男士的榜样。

王佳一:我发现3715,女同志们真不如他,没他想得那么周到。

顾峰:是不是10月28号男性健康日的时候,是不是要把全家的男性都带着大搓一顿呢?

王佳一:(笑声)可以呀,我发现了一年到头好多好多节日值得我们庆祝和纪念呢。

顾峰:这一时段我们要进行的主题是什么?

王佳一:温情触动,批评女性。怎么批评可有学问。接下来,顾峰和王佳一就请出牛群和冯巩再做个表率和榜样吧。

【相声】(省略)

【路况信息】

顾峰:6026 说了,我说一个女司机,她的刹车灯都不亮了,她还开呢,我告诉她,我很优秀吧,我是一位男士,她是我老乡,我们都是廊坊的。

王佳一:应该批评,应该告诉,女性同志们一定要在很多细节当中展现女性的魅力和精彩呀!

顾峰:每个成功女人的背后都有一个默默无闻支持她的男性呀!

王佳一:要时时刻刻让一个自尊自爱自强自立的优秀女性形象,展现在男同胞的面前做个表率。

顾峰:2700 说了,两位好,我儿子闯闯总想着你们,他上幼儿园特别让我代问你们妇女节好。

王佳一:(笑声)你看,你本来应该按照他原来那个念,你非把你变成你们。

顾峰:还有很多收听我们节目的女同胞,你们吧。

王佳一:0186 的朋友说,关爱女孩就是关爱民族的未来,我出差的时候在农村看到路边的标语非常好。

顾峰:3917 说男人征服了世界,而女人征服了男人,伟大呀!

王佳一:8382 说,最应关爱女孩的是女孩自己,自尊自爱自强自立的女孩是幸福和快乐的。

顾峰:0163 说了,我的母亲贤惠善良,女朋友温柔体贴,未来的女儿聪明可爱,不过我还是想要一个儿子,在此祝所有的女同胞节日快乐。

王佳一:每一个愿望都值得尊重,但是别忘了关爱女孩，体贴保护她们就好。8076说，我们领导(母亲谭女士)对我们可好了，请传达我们的爱意，女儿兰兰、阿豪，别忘了播啊，我们等着听呢。7018说，我是一位警嫂，在这个家里可算是身兼数职了，等两会完了再相聚。

【歌曲《特别的爱给特别的你》】

王佳一：我们真听到一个声音让人感动。

顾峰：6384说了，我是一个服装厂的男工人，我要批评那些女工人，一个个的都比我强，我的脸往哪搁呀？我要为她们点一首歌，姐妹们节日快乐！

王佳一：手机尾号5401说，批评一下我妈妈，她脾气不好而且身体不好，让她老人家把什么事都往开了想，你们俩那什么歌来着，放一下。

王佳一：这首《特别的爱给特别的你》就送给你。

顾峰：希望妈妈能够心情舒畅。

王佳一：老太太说了，(学老太太说)什么叫不良习惯呢？要不是我把什么事都看得挺重好好地提醒你们，你们能这么进步吗？

顾峰：我容易吗我？4739说了，我的母亲养育了39岁的我，祝愿她老人家福如东海、寿比南山，永远长寿！7788说了，我曾经深陷困境，是妈妈帮助了我。我也曾经深陷工作的困境，是老婆帮助了我，帮我谢谢她们好吗？

王佳一：好，既然都已经开始表扬母亲了，下个时段我们就进入今天的最后一个小话题，赤子心声，评价母亲。

【路况信息】

王佳一：北京时间 9 点 18 分，现在进入今天上午《一路畅通》的最后一个小时段，我是王佳一。

顾峰：大家好，我是顾峰。今天上午我们的主题就是谁说女子不如男。

王佳一：接下来开始表扬我们身边的母亲，赞美我们的母亲了。

顾峰：有很多朋友想通过我们的节目说道自己和母亲之间的感情。2619 说了，有一个爱，一生一世不求回报，那就是母爱。有一个人一生一世值得你爱那就是母亲。三八节到了，祝大家的母亲，我的母亲，天下所有的母亲幸福安康。

王佳一：手机尾号 1432 说，我妈妈今年 46 岁了，把我养到这么大不容易，什么事都特别关心我，祝所有女性三八节快乐，更祝我的妈妈节日快乐，她的名字叫杨小娟。

王佳一：接下来看看倪萍和冯巩是怎么评价母亲的。

【相声】（省略）

顾峰：手机尾号 4963 说，我爱人是个护士，上班非常辛苦，回家还要照顾我老年痴呆的父亲，孩子刚上小学四年级都要她管，真的是太辛苦了，祝她节日快乐，我真的很想说声谢谢你。

王佳一：手机尾号 4315 说了，女儿 18 岁了，我这个当妈妈的一天到晚忙乱，她居然自己长到了1米83，也是个奇迹吧。今天是三八节，祝福我自己也祝福女儿节日快乐。

王佳一：女儿已经长到1米83了（惊讶），您还说是她自己瞎长？

顾峰：跟您有很大关系呀！

王佳一：一个母体的健康，无论是生理的还是心理的，对她的下一代起到多么大的作用呀！

顾峰：接下来通过一篇文章体验妈妈和女儿之间的一种感觉。

王佳一：那就是计生委他们在宣传关爱女孩行动的时候搞了一次征文活动，接下来读的这篇文章就是北京市西城区阜外街道北营房东里居委会的王燕的获奖文章《女儿的心事》广播征文，她是一等奖。

【文章《女儿的心事》】

顾峰：（旁白）女儿上小学五年级的时候，有一天她向妈妈说了自己的心事。

王佳一：（学女儿）妈妈我们班有个男同学，各方面都很出色，我非常非常喜欢他，我该怎么办呢？

顾峰：（旁白）妈妈想了想说。

王佳一：（学妈妈）这样吧，你不是喜欢他吗？你向他要一张照片来。（学女儿）要照片做什么？

顾峰：（旁白）女儿问着妈妈，而妈妈又说。

王佳一：（妈妈）你先看能不能要来，然后我再告诉你

怎么办。

顾峰:(旁白)第二天,女儿把这件事当做一件大事来办,果然要来了她喜欢的男同学的照片,妈妈端详着照片里的男孩子说。

王佳一:(学妈妈)确实不错,就是太小了,不过既然你喜欢他,就把照片用镜框装好,放在你的书桌上,你看怎么样?咱家写字台上那就可以。

顾峰:(旁白)女儿为母亲的理解而得意,爽快地照着做了,于是女儿每天写作业的时候都能够看上一会儿男孩的照片。一晃两年过去了,女儿小学毕业,升入了初中,可对那个男孩的照片却越看越少了,初二的时候女儿又对妈妈说。

王佳一:(学女儿)我们班有一个男同学,各方面都很出色,我们在一起非常合得来,经常一起学习,我觉得我挺喜欢他的。

顾峰:(旁白)妈妈说话了。

王佳一:(学妈妈)这没什么,还是要张照片来。

顾峰:(旁白)女儿照着做了,妈妈拿过照片把原来镜框里的照片取出来,换上了新的男孩的照片,对女儿说。

王佳一:(学妈妈)既然你喜欢他,那么放在写字台上,你就可以天天看见他了。

顾峰:(旁白)女儿很高兴,每天做作业的时候都会看着男孩的照片,心想:

王佳一:(学女儿)我一定做得好好的,超过你。

顾峰:(旁白)转眼,又是几年过去了,女儿顺利的考上了重点高中,高中的同学强手如云,女儿表现的也非常出色,在学生会当了宣传委员,经常接触一些优秀的男同学。一天她又向妈妈提起了一个喜欢和她一起做事情的男孩子,女儿是这样描述的。

王佳一:(学女儿)他非常有才华,个子高高的,学习成绩还特别棒。

顾峰:(旁白)一边说着,还露出了一脸羡慕的表情,这会儿妈妈笑了。

王佳一:(学妈妈)我女儿真棒,总能认识出色的男孩子,你还是要张照片,只要你想他了就看看照片,等考上大学的时候你们再好好相约。

顾峰:(旁白)于是写字台上的照片换成了高中的男孩,紧张的学习生活让女儿多少有些劳累,但她在疲倦的时候总是深情的望一望自己喜欢的男孩,她相信妈妈说的话。

王佳一:(学妈妈)考上大学的时候,你们再好好相约。

顾峰:(旁白)转眼两年匆匆过去,女儿考上了一所知名的大学,临上学前妈妈好好的跟女儿谈了一次话,是关于爱情的。她问女儿,为什么书桌上的照片换了几个?而女儿说。

王佳一:(学女儿)我过一段时间就觉得他们不是那

么出色了。

顾峰:(旁白)妈妈又说话了。

王佳一:(学妈妈)那是因为他们都太小,你也太小,不懂得人生中好多的变数,在小学中学是你的成长过程,人的发展在这个阶段有许多不可预测性,你的心理还没有完全成熟,所谓的喜欢只是一个朦胧的概念,没有什么确定目标。孩子今天你要上大学了,已经进入青春阶段,思想比以前更成熟,很多事情要靠自己处理了,但是妈妈必须告诉你,你的路还很长,只有自己发展了才有更广阔的空间才能有更好的选择,所以上大学不是终点,你还要努力,妈妈祝愿你,祝你找到真正心宜的爱人。

顾峰:(旁白)女儿激动的说。

王佳一:(学女儿)妈,我知道你用心良苦,这么多年了,你让我的成长过程充满诗意,你用最巧妙的办法使我真正的把握着自己,妈,我懂你。

【文章《女儿的心事》结束】

王佳一:可以想象,有这样一个优秀的母亲无论是女儿还是儿子的成长都会是健康顺利而幸福的。

顾峰:今天节目的最后我们真的想对一些妈妈说,祝大家节日快乐,大家辛苦了。

王佳一:关爱女孩行动,从每一个人的实际行动做起,我们再来温习一下关爱女孩行动的宣传口号吧。

顾峰:关心女孩成长,树立文明新风。

王佳一:培养女孩成才,建设幸福家庭。

节目评析：

“命题作文”也可以精彩

——《一路畅通：谁说女子不如男》评析

本期节目是和北京市妇联共同推出的，属于命题作文、特别节目。许多应景的“特别节目”应该起到的作用是营造欢乐气氛，宣传节日的意义，让公众理解这个节日设立初衷的意义。但是这类节目做得多了，就很难出新意，很多时候的内容已经与节日本身无关，成了一个热闹的大杂烩，距离节日设立的初衷更是相去万里。在这个层面上，《谁说女子不如男》作为“三·八”妇女节的特别节目，设计得还算巧妙。

（一）分层次、多角度关注女性是互动的最大特点

以往《一路畅通》的话题互动只有一个题目。有关女性的比如《家有女孩》、《我身边心态最好的女人》等。但本期节目恰逢“三·八”国际妇女节，我们想通过两个小时的时间更全面地展现女性的魅力，并让更多的男性更加了解女性、理解女性。所以我们设计了四个部分、四个方面的互动内容：关爱女孩、赞美女性；爱的奉献、理解女性；温情触动、批评女性；赤子之心、歌颂母亲。这样的安排使节目不同时段的内容间既有衔接，又有深入，同时避免了由于节目时间长造成观众的厌倦——我们深知在两个小时内一直赞美是不容易进行下去的，于是变换花样，使节目变得丰富多彩。

(二)主持人的态度影响听众的态度

我们用诚挚的丝线穿起听众如珍珠般闪亮的短信息。《一路畅通》拥有一批幽默的、热爱生活的听众,而我们也是用积极乐观的心态对待每一条短信、每一个问题的。比如当有听众反映说有某女司机在开车时吃饭,并把司机的车牌号公布了出来,我们说"这个真该批评"。同时又说"我们这一时段的主题是《关爱女孩,赞美女性》,第三时段才轮到批评女性呢,到时候您再狠狠地批评。"提醒了那位女司机,让那位听众消了气,也化解了短信的紧张气氛。又比如有听众说自己因为怀孕被老板炒了鱿鱼,悲伤的情绪溢于言表。相比此时许多听众听了都很气愤,但我们回答必须没有攻击性:"这老板挺愚蠢,工作了这么多年得积累了多少工作经验,是那些年轻的没任何经验的男士比得了的么?"一句话让气氛变得轻松起来,当然我们也不忘提醒听众正确的方法:拿起法律的武器跟他斗争到底。这种对待问题的方式既有原则又不失幽默,照顾了听众的情绪,又维持了节目的气氛,是主持人综合素质的集中体现。

(三)精彩的串联是增强节目可听性的重要环节

好的串联应该是智慧的体现。主持人可以把节目内容安排得十分紧凑,并把听众提供的有用信息与话题巧妙联系起来,比如节目开篇有人说在四环车道隔离带见到一只狗,另一听众说二环也见到一只小狗,这时我们刚刚向听众问候过妇女节快乐,于是两人讲到狗都跑到路上来是因为今天女人放假，导致狗都没人管，还一本正经地引用电视连续剧《篱笆·女人和狗》，得出“家里缺了女人真不行”的结论。听众在微笑之时，也被自然带入了话题。又比如节目中播放的相声片段，十分应景。在观众的祝福短信后不时插入一段，使节目气氛十分融洽。听众抱怨说“有妇男节么？太不公平了”的时候，我们迅速回答说：“10 月 28 日是关注男性健康日，欢迎到时收听一路畅通节目”，既回应了听众的玩笑似的抱怨，还给这个平时不怎么被关注却很有必要的节日做了一下宣传。相信许多听众在听完这期节目后对“10·28”会印象深刻。

（四）采访增加信息，故事赞美母亲，共扣主题

在这期节目中，我们对北京市人口与计划生育委员会负责人进行了采访。关注的就是“生男生女”这个问题。最后落点是“关爱女孩就是关注民族的未来”。嘉宾接受采访总是很紧张，因为代表政府。我们便不时地穿插问话，轻松地说出对所介绍内容的理解，使气氛轻松许多。同时也构成了这期节目的第一个亮点。《一路畅通》不是每一期都有采访，但凡做必有料，听后必有收获。

节目的第二个高潮应当是在接近结尾的地方。我们把最后的节目时间留给了最伟大也最值得尊敬的母亲。《女儿的心事》一篇文章讲述的是个好故事，我们的演绎也算到位：很温情、不煽情，赞美讲究教育方法的母亲。

相信对于坐在车里的为人父母和为人儿女者都有所启发。

另外,本期节目我们还制作了相应的"维护女孩权益"的公益广告,女同胞们应该能够感受到我们的良苦用心。

第九集 一路畅通:去过的博物馆

【片头音乐】

这里是大家帮助大家的《一路畅通》。

王佳一:头上一片云团,心中一个信念,不是年少无知,而是不惧艰难呐。

罗兵:3293 发出了豪言壮语。

王佳一:上午就想念,没念出来。

罗兵:是,上午的时候,我们有点儿没抓紧时间。

王佳一:现在是北京时间 17 点 05 分 48 秒,路上比较湿滑,所以很多路段行驶起来比较缓慢,大家都比较小心。

罗兵:接下来,我们该揭晓今天的话题了,我现在脸特别红,对不起大家伙儿。

王佳一:主要是今天天气不是特别好,是吧。我们是以饱满的热情在和大家交流。我们也需要一个调整的过程。

罗兵:得,接下来打起精神来,参加今天的话题,我公布了:我去过的博物馆。

王佳一:博物馆是纵观古今、博览中外的地方。

罗兵:对,博物馆还是感受人类千百年智慧和文化的首选之处。

王佳一:在你的生活里,在你的旅行中,是否有一篇记忆,是否有一篇感悟是和博物馆有关的呢?

罗兵:您都去过哪些博物馆?

王佳一:您都有哪些大大小小的收获呢?您是否愿意和我们来说说,在世界博物馆日即将来临的时候?

罗兵:同时,也可以说说到博物馆参观的时候,发生过什么趣事或者是令自己感到非常动心的事,或者是说让自己受到震动的事,都可以说说。

王佳一:我去过的博物馆,一起来说说。

罗兵:接下来我们一起来听听,先听路况,再听广告。

【片花】

路况信息。

罗兵:我们发现乱并线的减少了很多、很多了。

王佳一:是,越到天气不好的时候,大家的觉悟还越提高了,好现象啊。

罗兵:如果堵车的话,就把声音开得稍微的大一点点,听我们今天的话题,我去过的博物馆。别说,咱们同学去过的博物馆真多。

王佳一:是,可是我发现,怎么很多(博物馆)留下的印象都有点吓人呢。

罗兵:(许多人)提到了过去的一博物馆,它现在虽然有新馆，但是大家知道，它过去的老馆给大家留下了深刻的印象，那就是自然博物馆。无数的朋友都提到了自然博物馆的老馆。

王佳一：手机尾号 8736 说了，我儿子去自然博物馆看人体展都吐了。

罗兵：还有一些朋友，你说咱们说不说这些短信？

王佳一：后面的比这些好点。

罗兵：竟然还有很多朋友到自然博物馆，去看那个人体展，他说原来挺饿的，看完之后食欲大开，他觉得那种感觉非常非常的别扭。（笑声）

王佳一：挺怪的。

罗兵：真是挺怪的。

王佳一：再看 0225，说的也是自然博物馆，自从知道戴军以前养的海豚标本在自然博物馆，我就特意去了，但是因为腐烂就没看到，结果工作人员讲了一段故事特别感动，他后面打的是省略号。

王佳一：我们很郁闷 0225，讲的什么故事呀？

罗兵：到底是什么故事，真不知道。

王佳一：大家别把博物馆的名字和简单的一个小过程说了，您最好还把一些细节跟我们也聊聊。

王佳一：1002 说了，我去过澳大利亚的博物馆不要门票。别光不要门票呀，有什么收获也跟大家伙说说。

罗兵：0197 也是这范儿，国家博物馆都是国宝。

王佳一：手机尾号是 8491 的朋友说，有点具体，我去过地质博物馆,门口那块大水晶给我留下深刻的印象。

罗兵:8740 说了,去过冰川擦痕博物馆,小学的时候跟同学倒车、倒地铁用俩小时,参观 10 分钟就没得看了,去看的是冰川擦痕博物馆。

王佳一:0606 去的是坦克博物馆,军训的时候去的,那一个个坦克除了颜色不一样,长得都差不多。

罗兵:7880 说了,去的是军事博物馆和科技博物馆,别说,蛮有意思的,坦克外在有可能大概齐,但是里面,我估计非常非常有的说。

王佳一:4695 说,我去过抗日战争纪念馆,在卢沟桥,我觉得有机会大家都应该看看,让人振奋精神,自强自立。

罗兵:6207 说了,我去过卢浮宫,主要是导游走得太快,跟不上。

罗兵:导游主要是上小商场,像国外这么棒的博物馆,能不能有一个专门的博物馆之旅,旅行社好好弄那么一个也成呀。

王佳一:博物馆之旅是吧,我觉得会有相当一批爱好者苦于没有机会。

罗兵:大家发动一下思维啊。

罗兵:0740 说,我去过警察博物馆,在东郊民巷,我还在里面玩儿打靶呢,打得成绩太差了。

王佳一:是,文物局的副局长曾经跟我们说过,警察博物馆还有一个特色,就是呢,可以在里面模拟当警察,真的就像他说的能打靶，但那是有规则的。

罗兵：我估计我，打靶的成绩也会非常次。

罗兵：1224说了，博物馆里东西都不错，能拿两件就发了，除了自然博物馆。

罗兵：我还说呢，您想拿就应该去拿自然博物馆。

王佳一：你怎么能这么说话？

罗兵：哪个都不让拿，我怎么顺着他说了。

王佳一：如果有这种想法的话，0506肯定犯错误，我天天去博物馆，因为我在那儿上班，我在故宫博物院。

罗兵：故宫博物院，好哇。9516说了。我觉得天文馆的4D剧场特好，特别逼真。我也准备哪天去看一下天文馆。

王佳一：7578要去天文台，说我每次去，都感觉到了另外一个世界，安静、祥和，看着星空就一个字：

罗兵：美。

王佳一：而9824的朋友，我旅游每次必去当地博物馆，现在我老婆也和我一样了。

王佳一：给你留下最深印象的博物馆，得跟我们说说呀。

罗兵：4599说我哪儿也没去过，我很想去军事博物馆，可惜没时间，我是一名学生。

罗兵：学生才应该去博物馆呢。

天文馆：6101说了，我小时候夏天最爱去天文馆，不是别的，有冷气特别凉快。

罗兵:现在我们屋里也还行,挺凉快的,外面也不错,希望大家小心路面的湿滑状态。

【片花】

【开始曲】

【路况信息】

罗兵:这时段时间有点短,但是有很多信息也需要和大家及时交流,比如说,我们今天的话题:我去过的博物馆。

罗兵:9294 说了,我初中的时候去长沙旅游,在烈日当头的傍晚参观马王堆女尸,偌大的大厅里,呆得我后脖颈子直发凉。

王佳一:后面好像也有一位提到了去马王堆的事情,我找找看。3086 说,嘿,巧了,我昨儿刚去过马王堆,看到了距今两千多年的古尸——辛追夫人,我们的古人真是了不起,把尸体保存得如此完好,值得一看。

罗兵:是,值得一看,看完了就后脖颈子直发凉。8625,不会发凉,甜甜蜜蜜去了卢浮宫,见了蒙娜丽莎的微笑,美丽。说了,可惜呀,她还是离开了我,想念。哦,蜜月,现在还是离开了。

王佳一:但是毕竟还是给你留下了美好的回忆,这很重要。

罗兵:0886 说了,我上小学的时候,从城里骑车去航空博物馆,骑了三个小时那叫一个累。看得怎么样啊,没说。

王佳一:3132说了,北京的博物馆我都去过,而且我还是大钟寺古钟博物馆的义务讲解。怎么样,你们俩以后去,跟我联系一下,我免费给你们讲,一定要读哦。

王佳一:非常感谢3132这样的朋友,在博物馆里做义工,谢谢你们了。

【路况信息】

罗兵:有的时候去博物馆,我们真的应该多加注意,不能穿得太随意去博物馆,有的朋友在博物馆的时候,还喜欢东摸西摸的,这都不应该。

王佳一:一会儿,我们请市文物局博物馆处的刘超英处长给我们介绍一下参观博物馆大家会有什么样的收获,以及参观时候的注意事项。

【片花】

罗兵:北京时间18点07分。您现在收听到的节目,来自于交通广播,这里是《一路畅通》,我是罗兵。

王佳一:我是王佳一。今天下午,罗兵和王佳一和大家交流的话题是,我去过的博物馆。

罗兵:我去过的博物馆,很多朋友都告诉我们去过了什么样的博物馆,2649说了,科技馆算博物馆么?小的时候去科技馆玩儿,里面的东西可真多,特别怀念那时候的情况。

王佳一:一会儿,我们连线一下北京市文物局的副局长舒小峰,让他给我们介绍一下有些青年人,尤其是孩子应该去哪些博物馆走一走,看一看?

罗兵:刚才说先连线谁来着?

王佳一:是文物局博物馆处的处长刘超英女士,请她给我们介绍一下参观博物馆会对生活带来什么样的影响?

罗兵:一起来听听吧。

【电话连线采访】

王佳一:那接下来,我们就请到北京市文物局博物馆处的处长刘超英女士给我们介绍一下,参观博物馆之后大家会有什么收获?有请刘处长。

刘超英:好,刚才你提的这个话题,我个人是这么想的,博物馆对于儿童、对于成年人,对于老年人都是非常有意义的去处。对于孩子,现在我们的博物馆安排了很多互动的项目,孩子们在娱乐中学到很多知识。作为中年人、成年人来说,博物馆可以作为个人的知识面的补充,你在博物馆看到这些实物的东西比教科书上来得更直观、更形象,同时从艺术的角度呢,也可以陶冶你的情操,增加你的文化修养。那么,对于老年人来说,老年人也可以在里面看到一些精美的艺术品,体会一下古建筑的文化氛围,对于他们也是一种休闲的好方式。过去说,博物馆是一个人的终生课堂,实际上不仅仅是课堂,博物馆还是一个人终生都可以相依的、很好的场所。

王佳一:那么,接下来,想请您给我们大家说一下,大家在参观博物馆的时候应该有什么样的注意事项才能够很好地保护这些文物呢?

嘉宾：首先，你去参观一所博物馆，要认真地、非常细心地去体会每一个展览，每一件文物的精妙之处，我个人认为应该带着一种很敬畏的心情，很愉悦的心情参观博物馆。作为市民来说，有几个注意事项。参观博物馆，首先考虑到博物馆是一个公众的场所，大家应该注意到交谈，声音放低一些。裸露的展品，特别是标注“不要触摸”的展品，就不要触摸，因为有些展品易损，人手上有汗液会对展品造成损坏，这些东西不要触摸。如果没有这个标识的，是没有问题的。我们很多博物馆禁止吸烟，还有建筑构件不要拿手拉扯，包括一些门环。另外，我建议参观博物馆之前可以买一些简介、相关的介绍资料有助于了解博物馆。

罗兵：在这儿我们得谢谢刘超英对博物馆的介绍，在那儿除了受教育还能够感受到一种特别的氛围。

【采访结束】

王佳一：呆会我们有请北京市文物局的副局长舒小峰同志，给我们介绍一下北京哪些博物馆是还没有去过博物馆的朋友值得一去的。

罗兵：2976 推荐的是美国国家博物馆。去一趟麻烦点儿，出乎意料的是不用买票，随时都可以参观。哎呀，真是，不知北京能否有这一天，咱不花钱就能去。

王佳一：北京很多博物馆的票价也不是特别的贵。

王佳一：6353 的朋友说了，卢浮宫，一个星期里恨不得我每天都去，连着几天下来，但是还是有些地方没看

仔细。

罗兵:卢浮宫,由于不太懂欧洲文化,看了很多名画,什么蒙娜丽莎都不知道,回国之后就恶补欧洲文化史。

王佳一:我也去过卢浮宫,基本是眼花缭乱,瞠目结舌。真想多住几个月。他的名字叫林淼(音译)。

罗兵:还有一些朋友去过各种各样的博物馆。比如说,2211 小学的时候去过航空博物馆,真是受教育。尤其是有五颗星的战机。

王佳一:6455 说,我和我的大吉普去过西藏阿里的骨骼王国算博物馆吗?

罗兵:算。

罗兵:2382 说了,我最喜欢北京的自然博物馆,我去的时候完全被恐龙骨架给震住了,自然博物馆实在是太好了。

罗兵:别找辙,想去就去。0403 啊,自然博物馆实在是太好了,好多朋友在那儿看过人体展,刚才我问小潘警官,我说,小潘警官,你去过自然博物馆看过人体展吗?她说没有呀?哎呦,你有票吗?有票咱俩一块去。

王佳一:9691 说了,去完自然博物馆,孩子就叫我戒烟,那有被烟熏了的肺,惨不忍睹呀。

罗兵:另外,还有位朋友说了。其实到自然博物馆参观人体展的时候,我深深地被那些贡献了遗体的人们感动,谢谢他们。

王佳一：接下来我们继续交流我去过的博物馆这个话题。

罗兵：博物馆是感受人类千百年文化和智慧的首选之处，在您的生活中，在您的旅行当中，是否有一片记忆和感悟是属于博物馆的呢？请大家一起来说一说。

王佳一：这博物馆一词源于希腊文，原意是祭祀“缪斯”的地方。它是希腊神话中掌管科学与艺术的九位女神的统称。分别掌管的是历史、天文、史诗、情诗、抒情诗、悲剧、喜剧、圣歌，还有舞蹈，代表着当时希腊人的文化活动。

罗兵：大概在公元前5世纪在希腊的特尔费·奥林帕斯神殿里，有一座收藏着各种雕塑和战利品的宝库，它被博物馆界视为博物馆的开端。在1974年的6月国际博物馆协会在哥本哈根召开了第11届会议，将博物馆定义为：一个不追求盈利，为社会和社会发展服务的公开的永久机构，它把收集、保存、研究有关人类及其环境见证物当做自己的基本职责，以便向公众展示为他们提供受教育和欣赏的机会。

王佳一：在1946年的11月国际博物馆协会在法国成立了。

罗兵：1935年的5月中国博物馆协会在过去的北平景山公园成立，推举故宫国务院院长为会长，当时的院长是马衡。

王佳一：中国博物馆协会以研究博物馆学术和发展

博物馆事业为宗旨,18 号就是世界博物馆日了。

罗兵:了解了一下博物馆的基本常识。

罗兵:0403 去过的是历博。我去过中国历史博物馆,那里头的腊人做得真像,尤其是门口那个,很多人误以为是真人呢,还跟它说话呢,把我们乐坏了。

罗兵:门口那个是我们的航天英雄杨立伟的模型。真的,一进门就是。

王佳一:(笑声)真的?

罗兵:杨利伟的模型。

罗兵:6729 说,博物馆,门票太贵了吧?还是上学的时候去的呢,春游也去过,我非常想去天文馆和科技馆。

罗兵:刚才有位朋友说他妈妈在天文馆工作,有个朋友特大方,说他妈妈在博物馆工作,说哪天请我们俩去。那也是花钱呢。不过,我们非常感谢这位朋友。

王佳一:0332 的朋友说,我们家住在石景山,我们家这儿有一个唯一的博物馆,田义墓宦官博物馆。没见过吧。

罗兵:1716 说,我记得第一次去的是天文馆,那是我 5 岁的时候,也就是 20 多年前的事了,居委会组织的,坐着大卡车,可爽了。

王佳一:5817 说了,记得小时候去过一次生物博物馆,看过人体内脏,那会儿看得很清楚。

罗兵:很多朋友说到北京自然博物馆,是一个科技类的博物馆,如果想去自然博物馆的话可以乘坐 15 路、106

路电车还有110路、20路，在天桥站下车就行了，停车位挺紧张的，咱们最好别开车去。如果您是团体那是免费的，个人没有讲解，可以租借一个自助的讲解设备，了解一下自然博物馆的产品。

王佳一：你看，已经成了一个义工了不是，这博物馆呢，大体分三类，综合类、社会科学类，还有自然科学类的。

罗兵：刚才自然博物馆自然就算自然科学类的。

王佳一：手机尾号6036说了，我去的是历史博物馆，看恐龙展特带劲，还买了俩模型，现在都没仍，我还去过湖北省博物馆，还看了土里挖出来的宝贝。还看了编钟展示，真想带一个回家。

罗兵：9349说了，五一去了青岛海军博物馆，那真是孩子们的天堂。

王佳一：0515说了，最宏大的是故宫博物院，最精美的是上海博物馆，最震撼的博物馆是陕西博物馆。

罗兵：上海博物馆我去过，它那个展示玉器的地方特别漂亮，屋子里黑黑的，只有一小盏灯。

罗兵：0211说了，我小时候去过军博，因为离我们家特别近，每次到复兴医院看病回来，我爸都带我去一次。现在没时间了，不知道军博变成什么样了，那会儿我几乎和每个大“玻璃”都合过影。

王佳一：（笑声）大“炮”吧？

罗兵：唉，就是，大炮。（笑声）

王佳一:8272说,我在前几年去过一次地处天桥的自然博物馆。这个重复了哈。

王佳一:6488说,第一次逛博物馆就把讲解员的手机号要了过来,她现在是我女朋友,挺有缘份吧。

罗兵:挺有技巧的,你追求。2106说了,大英博物馆非常气派,但是有很多国内见不到的中国古董,非常悲哀,真想把它们带回来。

王佳一:7898说的也是大英博物馆,在大英博物馆看到了许多中国的国宝,还有刘罗锅的书法真迹呢,心里有种说不出来的感觉。

罗兵:0393去的是汽车博物馆。车的样子特别别致,让我们羡慕。

王佳一:1250说,我去过新四军重建军部纪念馆,俩字,感叹!

罗兵:3950说了,我在2000年初到越南参观了很多博物馆,有个印象,那里头有很多很多的中国故事、中国人物、中国古董。

王佳一:9981说了,去的是百工坊,那里是中国的博物馆。连见识较多的儿子都说,原来有这么多我们不知道的传统工艺啊,真的很棒。

罗兵:0572是一位小朋友。

王佳一:(学童声)我最喜欢的博物馆是我们家附近的自来水博物馆,我今年7岁了。

王佳一:除了自来水博物馆,还有一个地方能展现一

下古人是怎么样使用水利的，接下来请北京市文物局的副局长舒小峰同志，我们连线一下他。

【电话连线采访】

舒小峰：你好。

王佳一：你好，后天就是世界博物馆日了，我想请您给我们介绍一下博物馆大致的类型划分，然后再给我们推荐几处值得去的地方？

舒小峰：北京的博物馆非常多，现在北京注册登记的博物馆有127家，有反映北京和全国的历史文化的博物馆，比如国家博物馆、首都博物馆，也有宗教艺术类的博物馆。还有反映民族文化的博物馆，比如中华民族博物馆。还有一些自然科技类的博物馆，比如大家耳熟能详的中国科技馆、北京自然博物馆。还有一些大家不太熟悉的非常有特点的博物馆，比如北京自来水博物馆，中国印钞造币博物馆。

王佳一：那如果家里面有小孩子的话，上小学，上中学，家长是不是应该有计划地带领孩子参观一下博物馆呢？

舒小峰：北京的博物馆都非常适合青少年参加，除了我刚才介绍的一些，北京还有很多有特点的，但不太知名的博物馆，他们除去固定的展览以外还有一些可以参与互动的项目，比如像位于大观园对面的、北京辽金城垣博物馆，除了固定展览，它还有水利互动这么一个项目，比如农村的水车，把水从低处与到高处然后浇到稻田里面

实施灌溉的,这些都是可以参与互动的项目。

王佳一:也就是说大家在参观的同时,可以向先人一样去操作一下,如何抽水,如何灌溉农田,它面积大吗?

舒小峰:占地面积有七八十平米。

王佳一:我相信在5月18号前后可能很多朋友会把自己游玩的目光投向这些博物馆,不光让自己的心情得以放松,还可以收获很多的知识。

舒小峰:我们非常欢迎青少年朋友和社会各界朋友走进博物馆、了解博物馆、喜欢博物馆。好的,谢谢您,舒局长,再见。

【采访结束】

罗兵:非常感谢北京市文物局的副局长舒小峰先生为我们做的介绍。

罗兵:9363:你们怎么不去紫檀博物馆?巧夺天工。

王佳一:4133说了,北京所有的博物馆我爸爸都去过,一共127家,跟文物局说的是一样的。

【电话连线采访】

罗兵:另外,我们还要连线一个同志,就是北京交通广播公关部的王世玲,她要给大家介绍一件事,也是跟博物馆相关的。

罗兵:你好。

王世玲:你好罗兵,你好佳一。今天的话题是我们去过的博物馆,巧了,我们交通广播正好目前策划一项大型的系列活动，就是首都特色博物馆的一个系列公益活动，我们想把北京120多家博物馆当中，格外有特色的一些，有计划地介绍给大家。那刚才听了咱们大家的短信，许多朋友都提到了自然博物馆，巧了，我们这个系列活动首先向大家推荐介绍的就是北京自然博物馆，听众朋友可以在我们的节目当中听到我们这项公益活动已经准备启动了，我们首先有1000个家庭可以得到来自自然博物馆免费提供的套票，让大家去感受一下这个博物馆的魅力，这个活动会一直继续下去，我们会分阶段地向大家介绍一下首都的特色博物馆。

罗兵：首都特色博物馆的公益活动什么时候要启动？

王世玲：六一，也算交通广播送给孩子们的一件礼物。

王佳一：怎么报名？

王世玲：请大家关注《动感北京》这个节目。

王佳一：好，谢谢王世玲的介绍。

【采访结束】

王佳一：这歌我们要送给8777，带8岁的女儿去过那么多博物馆。

罗兵：去过自然、科技、地质、石刻、周口店、历代帝王庙、鲁迅博物馆等等，对科技博物馆兴趣最大。

【歌曲《奔跑》】

罗兵：1315说了，太堵了，想吃饺子了，有饺子馆吗？

王佳一:饺子馆挺多的呀,但是关于饺子的博物馆真没听说过。

罗兵:没准儿真有。3526 说了,山西有一个珠算博物馆,各种各样的算盘,有上千种,挺有趣。

王佳一:7479 去的是西安有个半坡博物馆,从那儿我终于完全明白了什么是原始。

罗兵:4280 说了,陕西省博物馆的宝贝真多,比如说虎符,但是我印象最深刻的是杨贵妃是一个身高 1.50 米,体重 240 多斤的一个人。于是呢,我非常想回到唐朝。

王佳一:坚决不减肥了。(笑声)

王佳一:0420 说了,最爽的是澳门酒类博物馆,每次都能喝白酒红酒什么的,还能买便宜的好酒。据说葡萄牙最好的葡萄酒就在那儿呢。

罗兵:7692 说了,我老公是警察,我去了多少次警察博物馆,想感受一下老公的工作,太震撼了。给他老公播首歌吧。

王佳一:就是他啦。1173 说了,我儿子每周去一次铁道博物馆,对铁道着了迷了。

王佳一:0287 说了,唐山的地震博物馆吓得我好几天睡不着。

罗兵:2944 前几天去了巴黎,那儿的毕加索博物馆特艺术,我都看不懂。最近北京也有毕加索画展,哪天我要去看一下。

王佳一:1995去的是香港警察博物馆,挺有意思的,警察服装特别好看。

罗兵:有一位朋友去了自然博物馆,那会儿老师带着他们兴趣小组去的,结果他照猫画虎,画了一条鱼,老师看完之后非常婉转地跟他说,你还是去别的兴趣小组吧。然后自己惊呼,从此就扼杀了一位抽象艺术大师。(笑声)

王佳一:手机尾号2043说了,巴黎奥塞宫最好的就是印象派的画。

罗兵:奥塞博物馆。6972去过澳大利亚悉尼的现代美术馆,晕,一张画都看不出来是什么东西。

【片花】

王佳一:北京时间18点51分,今天下午的《一路畅通》进入最后一个小时段。

王佳一:其实,真的是意犹未尽,有太多太多的朋友,有1000多人的短信。

罗兵:我们要用自己的时间说一下2005年博物馆日它的主题。

王佳一:今年,博物馆协会确立博物馆日的宣传主题是博物馆沟通文化的桥梁。

罗兵:用以宣传博物馆加强文化间交流,丰富人类文化生活,增进人民之间相互了解、合作和和平当中所发挥的积极作用,所以今天我们的话题就是:我去过的博物馆。

王佳一:博物馆是历史的承载者,古今中外的文化艺术在那儿聚集。

罗兵:博物馆也是时代的反映者,历史的足迹在这里体现。

王佳一:博物馆更是未来的酝酿者,人们在这里学习前人的知识,从而缔造未来。

王佳一:朋友们,有时间的话去博物馆看一看。

罗兵:带着自己的孩子共同了解历史,也让我们展望未来。

王佳一:今天晚上的节目就到这里了,欢迎大家继续收听北京交通广播下面的节目。

节目评析:

小议节目的文化传递功能

——《一路畅通:去过的博物馆》节目评析

《一路畅通》作为北京地区收听率极高的广播节目,从未忽视过节目的文化传递功能。文化传递功能就是社会遗产传递功能。这种功能是指通过大众传播把文化传递给后代,并继续教育离开了学校的成年人,使社会成员共享同一的价值观、社会规范和社会文化遗产。可见,这是延续社会传统、传播社会经验与知识的一种功能。这一点,对社会或个人都有相同的积极意义。这种功能也是促成文化体系一致性和标准化的重要手段之一。

(一)从中央到地方到民众都更加重视节目的文化传递功能

时值“5・18”世界博物馆日，本期《一路畅通》选择的话题是“去过的博物馆”。博物馆之于一个民族和一个国家的作用是非常重要的，中共中央政治局常委李长春同志指出，“中国政府高度重视博物馆工作，特别是近年来，中国博物馆事业进入了快速发展时期，在保护、继承和弘扬中华民族优秀文化传统、传播科学文化知识、促进国际间的文化交流等方面发挥了重要作用”，同时，“博物馆是了解民族历史和文化、培养爱国主义情感、振奋民族精神、加强精神文明建设的重要场所。发展现代博物馆事业，既要展现历史，又要为当代服务，更要突出以人为本的要求，贴近实际，贴近生活，贴近群众，把学术性、专业性、知识性、观赏性、趣味性统一起来，充分发挥对青少年进行知识教育和思想道德培养的作用，促进全民族思想道德水平和科学文化素质的提高，为人的全面发展服务。”

(二)话题的设计体现出节目的文化传递功能

博物馆建设，是一个国家文化建设的缩影，同时，作为博物馆本身，既是一个浓缩文化与历史精华的场所，同时也是进行科学普及和爱国主义教育的基地。因此，本期的话题既具有了时效性，同时也上升到了一定的政治层面。对于《一路畅通》节目本身来说，选择这样的话题，不仅提醒人们即将到来的世界博物馆日，同时也是对人们内心深处的一种唤醒——对知识的渴求、对文化的积淀。在短信交流中，我们可以看到，博物馆在大家心里都有一席之地：自然博物馆给我们留下的深刻印象、国外博物馆馆藏的中国文物给我们心灵带来的震撼与反思、各种特色博物馆的独特魅力等等，还有参观路上的见闻、参观提示等等一些有趣的周边信息，都逐步给我们建立起一种感性认识——博物馆就在我们的身边。

（三）专家的声音帮助节目实现文化传递功能

此外，本期节目中，对嘉宾的采访也是闪光点之一。这些在权威部门供职的专家，给我们介绍了参观博物馆的收获和注意事项、北京市内博物馆发展的概况等。而同时，我们也用提前准备的资料，用丰富的背景知识，向听众普及了博物馆的相关知识。如："博物馆"名称的由来、世界博物馆事业和中国博物馆事业的产生和发展概况、世界博物馆日的起源等等。丰富的信息含量令人耳目一新，让我们对看似身边最熟悉的事物有了更加清晰明确的认识。

（四）听众的参与就是对节目文化传递内容的及时回应

每期一个话题，是《一路畅通》的特色，话题所关注的特殊层面和角度是我们个性的体现。有时候我们会关注现代社会人们所缺失的东西。让周而复始的忙碌带来的身心疲惫回到平静悠然的世界中。使听众在对话题的回应过程中进行思考，同时也会影响听众的议程设置。

虽然有别于《一路畅通》日常、清新、幽默、亲民的总体思路，但《我去过的博物馆》努力给听众在知识层面进行了教化，而这就是恰恰发挥了大众传播媒介的教育和文化传递的功能。作为一家运作成功的电台，我们在重视节目内容创新和管理体制创新的同时，并没有忽略作为媒体的本职工作——完成大众传播文化传递的使命。

附

一五一十说佳一

第一次见到王佳一，是在2002年的第一场雪来得更早一些的某天下午，在电台17楼的楼道，老远就看见一个身着浅色套装、脚穿船儿鞋的身影走了过来。第一感觉是“哎呀妈呀”，这也太成熟了，好像整个北京人民广播电台也没有穿成这样的，不过脸上始终带着的微笑还让我觉得离她稍微近了点。简单的寒暄之后直奔主题，我们要从2002年10月1日起掌管交通广播晚间的一档直播节目，名字领导已经给起好了——《动感北京》。我们两个外来户，一个来自辽宁电视台，一个来自北京人民广播电台经济广播。从来没有见过的我们俩，即将要在这样一个被大家寄予厚望的节目中出演，难免有些紧张。虽然在那儿之前，我们两个都已经不是广播界的新人了，但是在北京交通广播这样一个影响力绝对领先的平台上工作，我们还都是第一次。因为我马上还要出差，所以在开播前剩下不多的时间里，只有王佳一来准备节目所需要的方方面面的东西，包括节目的开始曲、片花、背景音乐等等。

在《动感北京》开播那天，我们俩很早就到台里进行着最后的准备工作，要知道那会儿心里是最没谱儿的。我们把开场白、结束语、中间的串联词都进行了周密的设计，把哪儿出背景音乐，哪儿出歌曲也进行了详细的安排，毕竟是我们在交通广播的第一期节目，我们想要一个开门红。当节目的开始曲响起，我们把所有的热情一同释放。节目中，我们通过手机短信和听众互动，有不高兴的我们解心宽，有过生日的我们送祝福，有不知所措的我们出主意，一会儿我们来段儿火爆的RAP（其实是数来宝），一会儿我们又来段深情的情感演绎，总之能使出来的本事我们恨不得全用上了。从听众的短信上，我们可以清楚地看到我们的努力没有白费，我们的第一期节目成功了。

2008年1月9日是我们最激动、最开心的日子。我们的主持作品《一路畅通——雪天行车公益广告》摘取了2007年中国播音主持“金话筒奖”广播主持作品奖。这一天，作为中国播音主持最高奖“金话筒奖”播音主持作品获得者，我们出席了在北京梅兰芳大剧院举行的颁奖晚会。走过红地毯的那一刻，我们难掩内心的喜悦之情。金话筒奖杯上我们两个的名字是站在一起的，话筒前的我们两个人是坐在一块儿的。在我们身后支持我们的，是可爱的、宽容的听众朋友。

下面是一些话筒背后的故事，大家一笑了之。

最爱戴帽子的王佳一：

有段时间王佳一特别爱戴帽子，各种花色款式，而她所选择的花色款式又很难恭维……。有一次，我们李秀磊副台长不知是不是受到王佳一的传染，在和佳一逛街的时候也心血来潮买了顶帽子戴回家，结果刚进家门就听屋里传来一句话："快把王佳一的帽子还给她！"

最尴尬的王佳一：

有一天，王佳一感冒了，轻伤不下火线的她继续上节目。大家都知道感冒的基本症状之一：流鼻涕。可偏偏就在马上要开口说话的时候这鼻涕如潮水般的涌来了，手边没有准备纸巾，但说时迟那时快，王佳一抄起手边的《北京晚报》就朝脸上招呼上去，还好"险情"解决了。节目在我们固定的开始音乐《环游世界》中开始了，当王佳一说完话脸转向我的时候，我一下就"崩溃"了！脸上整个一个《北京晚报》的翻印版！鼻头上可能是擦的时候用力过猛，已经黑成一片了，晚报上的油墨真是一点儿没糟蹋。我当时完全说不出话来了，而佳一丝毫不知道是怎么回事，还一脸好奇地看着我。这时我缓了缓了说"你脸上有黑的"，结果她还很不相信。恰好那天直播间还来了一位嘉宾，当时嘉宾也看到了，只是保持风度没笑出声来。王佳一就很正经地问了问嘉宾自己脸上的状况，嘉宾很委婉的说了一句"是有点儿！"。

最机灵的王佳一：

有一天，因为王佳一出去采访，采访时间安排得有点儿晚，要是赶回台里上晚上的《动感北京》还真有点儿吃力。恰恰就在这个紧要时刻还遭遇到国贸桥的两起事故，造成长安街西向东方向的大堵车，到了东单她赶紧下了出租车，想着凭矫健的身姿跑也要跑回台里上节目。可是没跑几步就差了气儿，眼看节目时间一点点的到了。就在这个时候，她突然瞄准了两轮的交通工具——自行车。想着如果能够搭乘自行车一定能够赶上节目，只是会违反交通规则，但是如果和警察叔叔说说也应该能够理解吧。好！就这么定了，得找一个稳当有劲儿的骑车人。远远看见一个面相和善、稳健有力的中年男子，就是他了！上前说明情况之后就搭上了这个临时TAXI。一路上王佳一还和大叔交流了一番，问了问好心的大叔是做什么工作的，结果让王佳一是哭笑不得，“我是做快递的，您是我送的第一个大活人!”大叔很诚肯地说到。就在王佳一匆忙赶到直播间的一瞬间，我以史上最慢的速度播完了天气预报的最后一个字，《动感北京》开始曲响起了。

最“懂”体育的王佳一：

电视里正在转播着北京奥运会体操各单项的决赛，我们希望能够在第一时间让听众了解到赛场上的最新战况，在节目进行过程中我们也在看着电视的画面对比赛进行着解说。

〔电视画面正直播着男子双杠的决赛，某一国家的运动员完成了自己的全部动作下了器械，但是没有站稳。〕

王佳一略带遗憾的口气说：“哎呀！太遗憾，这位运动员从杠铃上下来没有站稳！”

“杠铃”？？举重比赛？

〔电视画面正直播着女子平衡木的决赛，某一国家的运动员由于紧张，动作没有做到位导致失误，从器械上掉了下来。〕

王佳一略带惋惜的说“唉！这位运动员由于失误，从马上下来了一下！”

“马上”？？跳马比赛？鞍马比赛？还下来了一下，真是照顾运动员的情绪啊！可惜运动员听不到！哈哈！

最爱唱歌的王佳一：

王佳一唱歌可是出了名儿的，不是有句歌是这么唱的吗：想唱就唱，唱的不管是否响亮，后边是我改的。王佳一的歌声可以用“冻听”来形容，这是有些听众的反映，比较适合在夏天听，听完了就不热了，舒服。不过，甭管唱得好不好，能够让听众笑笑也算没白唱。至今为止有一段改的还是不错的，就是佳一在当北京奥运会火炬手结束火炬传递接受媒体采访时改的这首歌：56 个民族、56 支花，56 个兄弟姐妹是一家，56 号火炬手想说一句话，衷心祝福我们伟大的国家，为中国把油加！

顾峰

顾峰简介：北京人民广播电台交通广播主持人、记者。2007 年获得中国广播电视播音主持“金话筒”奖（广播主持作品）。

跋 飞翔的姿态

《一路畅通》是个很特别的节目。在全国广播媒体中,她不但拥有最广泛的收听人群、最骄人的市场业绩,有口皆碑的社会影响,还拥有魅力独具的主持人——不是一两个,而是一批。对于低成本运作的广播节目来说,1～2位优秀的主持人,往往就能带来一档优秀的节目。而如果在一档节目中优秀主持人的数字扩大了三倍,那么节目不“火”都难。

当然,这并不是说主持人是制胜的唯一法宝。准确的节目定位、充实的节目内容、清晰的节目形态以及各部门的团结协作都是不可或缺的。以《一路畅通》为例,她定位于服务北京早晚出行高峰时段的移动人群、特别是自己驾车的人群,提供及时准确的路况信息和丰富的新闻资讯是她的首要任务。这样的定位和内容使它充满了实用主义的色彩,形成了鲜明的服务特色。这种实用高效的服务供给单靠几位主持人显然是做不到的,更多的是来自交通广播数百名路况信息员的热情工作、信息处理中心工作人员的对交通数据的及时整合、分析,还来自

拥有一支年轻、充满活力的记者队伍以及令人赞赏的编辑力量的交通广播新闻部。

但是,最终把这些庞杂的信息、资讯传递到听众耳边的是主持人。“主持人”这个称谓用在广播节目里十分贴切,她告诉我们这个职业与以往播音员最大的不同——你拥有相当大的自主权,你得是个全能型选手,不仅仅要传达,还要策划、采集、编排,甚至还要兼任录音员、音响师……这是个充满挑战又令人兴奋的角色,要胜任这个角色真的很难。

仅从数量上统计,具有普通话一级甲等资质的主持人确实不少,但是优秀的主持人、特别是有魅力的主持人并不多。因为优秀的主持人既要有先天的秉赋,也要有后天的历练。具体说来,他需要具备几个条件:第一,声音悦耳。这一点对于女主持人,特别是主持《一路畅通》这类节目的女主持人来说非常重要。声音悦耳不仅仅是音色好,更要让人听起来舒服、愉悦,能够缓解人们遭遇堵车时的烦躁情绪。第二,敏捷的反应和良好的语言调度能力。无论事先准备得如何充分,在两个小时的时间里也难免会有突发情况出现,何况这类节目最吸引人的地方就在与听众的互动中。节目的话题抛出后,来自听众的几百条短信瞬间出现在电脑显示屏上,主持人甚至来不及把所有内容看全就必须凭经验把那些精彩的选择出来。既然是互动,当然不能一播了之,要有回应、有评论、有由此及彼的生发。这一切,没有敏捷的反应以及把这些反应快速清晰地表达出来的能力是完全无从想象的。第三,厚积薄发。主持人既要有良好教育带来的丰富学养,又要善于从人生百味中汲取生命的经验,将两者有机地结合起来,节目才会既不流于空泛,也不陷于肤浅。第四,勤奋敬业。这一点非常关键 ,对先天不足者是一个有效的弥补,对先天优秀者则如虎添翼。以上四个条件即使仅得其三,也算得上难得。若四项兼备,跻身一流主持人行列大概只是时间问题了。

主持《一路畅通》不到 5 年,佳一的成绩有目共睹。天赋条件不用多说,她的声音不仅悦耳,而且极富表现力。应变能力、反应能力都是一流的。最为大家称道的还是她的勤奋。她随身总带着两样东西,一个小本子、一个采访机。无论是大家高谈阔论抑或随便闲谈,即使是只言片语的精彩她也不会放过——记在她的本子里,日后在某一期节目中就成了一个素材、甚至一个亮点。随时随地采访更是她的一个习惯。五环路刚通车的时候,由于标志不够清晰,很多人不会走,佳一不但自己开车把五环路走了一遍,还采访了沿途交通支队的民警,请他们告诉听众如何出入五环。出差到佛山,参观黄飞鸿故居时,采访机又录下了舞狮队的表演,那响亮的锣鼓声和表演者们对北京奥运的祝福很快出现在她后来制作的一期奥运特别节目中。善于采访的主持人是最聪明的主持人,因为他知道一己之力的局限,他明白生活是节目创作的源头活水,他懂得借助别人的智慧达成自己的目标。

佳一说自己是个无趣的人，因为她想了半天最大的爱好竟然就是工作。但其实，她是个很幸运的人，因为没有多少人有机会让个人兴趣与自己的工作如此一致。所以，她不仅是敬业，更是乐业；所以，在工作中她是快乐的，她又用快乐感染了她的听众们。

《畅通评议》延续了《一路畅通》的风格，非常实用。她的内容不少都来自佳一那些随身携带的本子们，没有太多高深空洞的理论，却是主持人最切实的经验心得。所以，读起来不累，用起来不难。

泰戈尔说："天空中没有翅膀的痕迹，但鸟儿已飞过。"现在，佳一用她手中的笔为我们描摹了鸟儿振翅的过程。从这本书稿中，我们不但可以欣赏到鸟儿飞翔时的美妙姿态，更可以感受到她认真、执着的心情。

祝福佳一，也祝福所有和佳一一样有梦想、有热情的人飞得越来越好！

北京交通台副台长

李秀磊

2008.10.3

后 记

《畅通评议》是我主持《一路畅通》节目 5 年来编辑手记的整理、归纳和提炼。

五年,不够磨一剑。但从主持少儿节目算起,我有着将近 20 年的一线主持体验,是听众的老服务员了。老服务员快乐地实现自己的理想,收获自己的幸福。

看着前面的文字,越来越觉得像是《一路畅通》节目的产品说明书。我爱人开玩笑说:"写得这么多,不怕把自己的饭碗拱手送人?"我说:"小瞧我!还有好多诀窍、绝招没写呢,留着给下一本《畅通评议》!哈哈,哈哈!"

吹牛呢!但也的确挂一漏万,所以恳请各位领导、专家、同行、听友多多指正。

对于看到这本书的、有理想成为主持人的朋友,我想说,当一个人的作品能成为表现他(她)思维方式、人生观、世界观的途径,而非仅停留在技术、技巧阶段时,他(她)离成功就越近了一步。杯中的水是亮闪闪的,海里的水是黑沉沉的。小道理可以用文字说明,大道理却只有伟大的沉默。对于我们的广播事业,仅有方法是不够的。只有爱，简单的、深厚的、可以为之付出、牺牲的爱才能让你获得真正的乐趣。

有爱才有无穷的动力，

有爱才有全心全意。

有爱才没有急功近利，

有爱才没有轨迹的偏离。

谨以此书献给北京人民广播电台交通广播 15 周岁生日。感谢这个优秀的团队，感谢这清澈的人文环境。感谢汪良台长、王秋台长、秦晓天台长！感谢把我从“临时实习人员”带到今天的李秀磊台长！感谢我的好搭档顾峰！感谢罗兵以及每一位亲爱的伙伴！

在本书的部分材料整理过程中，得到了张京、李艾艾、彭雪、权莉、王征、黄河、向佳、马骋怡、王璀等朋友的协助，人民交通出版社的毛鹏主任、席少楠编辑为本书的及时付梓辛苦数日，一并握手致谢！

站在巨人的肩膀上，我会远眺前方、快乐导航、一如既往！

王佳一

2008 年 10 月

于北京交通台

参考书目

[1] 周庆山著. 传播学概论. 北京:北京大学出版社
[2] 郑兴东著. 受众心理与传媒引导. 北京:新华出版社
[3] 徐泓主编. 超越:北京交通广播解析. 北京:北京大学出版社
[4] 蓝鸿文主编. 新闻伦理学简明教程. 北京:中国人民大学出版社
[5] 贝拉·依特金[美国]著,潘桦译. 表演学. 北京:华夏出版社
[6] 张颂著. 中国播音学. 北京:中国传媒大学出版社
[7] 李良荣著. 新闻学导论. 北京:高等教育出版社